觉醒父母

教育子女的8大智慧

戴东 著

广东旅游出版社

中国·广州

图书在版编目（CIP）数据

觉醒父母：教育子女的8大智慧 / 戴东著. —广州：广东旅游出版社，2021.6（2024.5重印）
ISBN 978-7-5570-2479-6

Ⅰ.①觉… Ⅱ.①戴… Ⅲ.①儿童教育—家庭教育 Ⅳ.① G78

中国版本图书馆 CIP 数据核字（2021）第 087737 号

出　版　人：刘志松
责任编辑：江丽芝
责任校对：李瑞苑
责任技编：冼志良

觉醒父母：教育子女的8大智慧
JUEXING FUMU: JIAOYU ZINÜ DE 8 DA ZHIHUI

广东旅游出版社出版发行
（广州市荔湾区沙面北街71号首层、二层　邮编：510130）
印刷：文畅阁印刷有限公司
（河北省保定市高碑店市世纪大街北侧）
联系电话：020-87347732　邮编：510130
787毫米 ×1092毫米　16开　14.75印张　155千字
2021年7月第1版　2024年5月第2次印刷
定价：58.00元

［版权所有　侵权必究］
本书如有错页倒装等质量问题，请直接与印刷厂联系换书。

目 录

序篇 孩子的问题其实都是家长的问题

家长什么样决定孩子什么样　　/003
家长和孩子对同一事物的感受不同　　/005
家长要改变固有思维　　/008
家长眼中的孩子，其实是家长自己　　/010
家长的境界决定孩子的未来　　/014
教育的根本目的是把孩子变成真正的人　　/018
家长的言传身教直接影响孩子的能力　　/025

第一大智慧：正确爱孩子

爱是教育子女的基石　　/031
爱是需要学习的　　/034
爱是需要表达的　　/044
爱是无条件的　　/048
爱是有层级的　　/052

第二大智慧：懂得表扬孩子

关注孩子的优点，孩子才有优点　　/059
表扬优点，接纳缺点　　/067
放大优点，有针对性地培养孩子　　/070

第三大智慧：学会鼓励孩子

鼓励是孩子前进的动力　　/077
信任、鼓励会让人获得新生　　/083
给孩子稳定的爱　　/087

第四大智慧：积极确认孩子

确认是对自己的态度　　/095
别被标签束缚　　/097
家长的每句话对孩子来说都有极重的意义　　/104
家长给孩子确认什么，孩子就走什么样的路　　/108
撕掉负面确认的标签　　/115
家长先确认自己　　/120

第五大智慧：准确理解孩子

对孩子产生误解是常态　　/127
理解孩子，孩子才能理解你　　/136
理解的前提是要有共同经历　　/140

第六大智慧：有质量地陪伴孩子

孩子 90% 的问题来源于家长陪伴太少或不会陪伴　　/147
有质量的陪伴胜过一切　　/152

第七大智慧：对孩子宽容

学会了宽容，就拥有了智慧　　/161
沟通是宽容的前提　　/165
改变思维方式，客观对待孩子的问题　　/172

第八大智慧：提醒孩子的艺术

善用提醒，分清对事还是对人　　/177
提醒不是简单的发泄情绪　　/183

后记　教育孩子是家长一生的事业

附录

教育子女问题记者招待会　　/197
家庭教育调查问卷　　/211
如何处理孩子常出现的17种问题　　/214

序篇

孩子的问题其实都是家长的问题

你看待事物的态度决定你的价值观，你对某个事物爱憎的层次决定你对它的喜恶程度。你看到的世界是什么样的跟世界本身什么样无关；你看到的孩子是快乐的、幸福的，跟孩子无关，只跟你有关。你就是摄像机，你眼中的世界就是你对世界的投射。

家长什么样决定孩子什么样

几乎每天都有家长发信息问我不同的问题。有一位家长问我的问题让我印象深刻,她说:"戴老师,我的孩子不开心。你能不能跟他沟通一下?"我说:"我已经安排助教老师去联系他了,您不用担心。"她还是不放心,坚持说:"老师,还是你去跟他再沟通,效果好一点。"

我对她说:"在情况没有了解清楚之前,表面上我或许可以直接跟你产生关系,解决你的问题;我也可能直接跟你的孩子产生关系,解决他的问题。但是,这都没有解决根本问题,现在其实是你跟孩子之间出现了问题,你想让我一下子彻底解决你们之间的问题,这就有点难了。"

有两类孩子的问题我是解决不了的:一类是家长不学习,这样的家长无论把孩子送到什么地方去学习都没有用;还有一类是被家长骗着去学习的孩子。这样的孩子往往并不愿意上课,因为家长没有尊重他们。这样的孩子一般什么也不愿意跟我交流，经过我的追问，才会说："是我妈（爸）骗我来上课的。"我是没有办法解决这种亲子关系问题的，因为孩子会先入为主地觉得我是家长派来的说客，对我有防备心理，他们可能会听不进我说的话，增加我们沟通的难度。

这位家长希望别人来解决她的孩子的问题，因为家人之间不好讲道理。但其实她的孩子的问题与父母的关系最大，我是希望她能通过学习，学会自己解决问题。

你希望你的孩子是什么样的，就要先成为什么样的家长。家长缺位、跑错位十几年，不能指望我用几天时间就帮你解决问题。我如果说我能立刻解决，那就是在骗你了。

家长和孩子对同一事物的感受不同

每个人对同一种事物会有不同的感受。比如提到"家长",很多人的感受是"榜样",一部分孩子会说爱父母,也有一部分孩子会说"烦、唠叨,什么都管"。提到"孩子",很多人平时的感受是"天真、活泼、健康、善良、可爱、有希望",但是"熊孩子"调皮的时候、不听话的时候、不学习的时候、跟家长要横的时候,家长又是另外一种感受了。

我问孩子们:"提到'夏天',你们会想到什么?"他们说的一般不是"热",而是"爽"。女孩子说可以穿裙子了,男孩子说可以吃冰激凌了。同样,提到"冬天",孩子们一般不会像大人一样说"冷",而会说"可以滑雪了"。

每个人对待同一个事物的感受不一样,是因为生活背景、人生经历、个人喜好和价值观不同。人的价值观、能量、智慧会随时发生变化，不同价值观的人对同一件事情的感受会截然不同；不同能量的人，看到的事物也会截然不同。即便是同一个人，不同时期对同一事物的看法也不同。

> 有新闻说一辆货车在某地的高速公路上翻了。几千斤西瓜从车上掉了下来。有住在附近的村民开着三轮车来抢西瓜，货车司机哭着央求："这是我帮老板拉的货，我要赔多少钱啊！"但那些村民不理会，他们只看得到小利，只顾自己，不管别人。
>
> 有一次我们举办活动，也是经过了一个村子，有村民在卖烧烤、啤酒。有人居然把烟酒卖给了我们的孩子。我得知这个情况以后很生气，冲过去指着商户说："你有孩子吗？你会给你的孩子买酒喝、买烟抽吗？"他不吭声了。他的眼里也只有利益，并不考虑这件事会给孩子带来不好的影响。

这些人之所以只看到眼前的利益，只顾自己，是由他们的价值观决定的。他们一开始树立价值观的时候出现了偏差，所以才会这么自私自利。

价值观不一样的人，其行为也是不一样的。仅仅靠讲道理、听课，是不能解决价值观问题的。是什么让他们变成了这样？是欲望。如果说贫穷会让人奋起，那欲望则只会限制、迷惑人的思想。

我去名胜古迹游玩时，一般不会在景区买东西。景区明明是有历史、有故事、有传承的地方，但是有些商户让人感觉民风变了。他们甚至生活在了一种交易中，你给我什么，我就给你什么，眼中只有利益。慢慢地，就开始不注重品质和内涵了。有这样想法的家庭一代一代传承，会让当地民风越来越差，每个人都过于注重眼前利益，物质至上。

人们现在遇到的最大问题是都认为自己的感受是真实的，于是希望所有人理解自己的感受。当别人不理解他们的感受时，他们会感到痛苦、纠结和不快乐。

家长要改变固有思维

人们常说"万丈高楼平地起",那这句话对吗?很多人说对,但实际上,感觉这理解有点肤浅,想要楼盖得高,必须要地基打得深。

还有一句话,"火车跑得快,全凭车头带"。这句话在蒸汽机时代是对的,但是用在磁悬浮列车上就不对了。磁悬浮列车的运行跟车头没有关系。

"大河有水小河满",这句话对吗?我们仔细观察就会发现,没有哪条大河的水是流向小河的。雪山的雪融化了,变成了水,千万滴水汇聚到一起变成小溪,千万条小溪汇聚到一起,会变成江河。所以实际自然规律应该是"小河汇聚大河满"。

一些传统思维会限制、误导我们。比如去饭店吃饭,无论是几个人,都要点一大桌菜。这是因为以前父母经常会对我们说"多吃一点",我们长大后,招待客人时,也会习惯性想让他们多吃一点,以为菜少了就是招待不周。其实,父母会让我们"多吃一点",是因为他们生活的时代物质比较匮乏，很多人吃不饱，他们为了我们不挨饿，才让我们"多吃一点"。

现在，我们不应该再让人多吃一点了，而应该让人少吃一点。很多人都有"三高"（高血压、高血脂、高血糖）问题，需要控制饮食。

我们做沙漠徒步项目的目的是锻炼孩子的独立性，但是一些家长会担心孩子搭不起帐篷，要帮孩子搭。我态度坚决地把他们赶回去了。我经常拿家长和孩子做比较，发现其实孩子的能力很强大，完全不像家长想象的那么脆弱。

> 一天一大清早，我看见一位妈妈在给孩子的水袋灌水，并且在不断叮嘱孩子："我告诉你，要这么打开，然后这么倒水。水不要倒太多，这么封住。"孩子一直不吭声，好像有点心不在焉。我就在想：孩子是真的知道了吗？如果炉子很烫，家长跟他说烫，他能知道吗？拿着他的手往炉子上轻碰一下，他才会明白什么叫烫。相信他一下子就记住了。

家长教孩子一万遍，都不如让孩子来亲身实践。很多道理孩子要亲身经历过才能明白。

家长过去的一些固有思维习惯是需要提升的，不要以为孩子什么都做不了，不要以为孩子离开家长就没法照顾好自己，其实有时候过于唠叨说教，也不一定能给孩子真正想要的。

家长眼中的孩子，其实是家长自己

一个人对自己的认知是有限的，3岁的自己和13岁的自己虽然从肉体角度看是同一个人，但是从灵魂、境界、思想的角度来看，一定不是相同的人了。今天的你跟10年后的你是同一个人吗？你其实是不知道自己是谁的，却总是错误地说着"我认为，我喜欢"。

孩子喜欢做自己认为喜欢的事情，而不是家长认为他们应该做的事。这时，家长就会跟孩子讲道理，大多数时候，家长会发现自己讲的道理一点用都没有，孩子完全听不进去。这是因为孩子跟家长的经历不同，对于事情的理解自然也不同。

有一次，一个孩子问我："老师，'看山是山，看水是水；看山不是山，看水不是水；看山又是山，看水又是水'，这句话怎么理解？"

这其实是三种不同的境界，而这三种境界的获得源于智慧，智慧源于能量、开悟、经历。

序篇　孩子的问题其实都是家长的问题

一个女孩总觉得小时候看到的妈妈和到了青春期之后看到的妈妈不一样。记忆里,她小时候的妈妈亲切可爱,但她青春期时,妈妈简直是"恶魔",什么都管,什么都限制。她不停地想自己怎么会有这样的妈妈,也不理解为什么妈妈变成了这样?直到有一天她自己当妈妈了,在抚育孩子的过程中,才知道了妈妈的辛苦:原来自己是这样被妈妈带大的,妈妈曾经为她付出了那么多。

这其实就是"看山是山,看水是水"。想感受到"看山不是山,看水不是水;看山还是山,看水还是水",还要有更多的经历。

"你以为的你,就是真的你吗?"其实你眼中的自己并不是真正的自己,你是看不见真实的自己的。自己对自己的评价,永远不能中立。别人眼中的你更不是真正的你,因为他们有自己的价值观和经历,他们所看到的也都是假象。

你看待事物的态度体现你的价值观,你对某个事物爱憎的层次决定你对它的喜恶程度。你看到的世界是什么样的跟世界本身什么样无关;你看到的孩子是快乐的、幸福的,跟孩子无关,只跟你有关。你就是摄像机,你眼中的世界就是你对世界的投射。

你打开这本书,如果感受到的是生命升华,这跟我这个作者无关。这本书能到你手里,也跟我无关,而跟你的选择有关。你对我的态度决定了我对你的价值。你对世界的态度,决定了世界对你的价值。

但是人们总以为自己拥有越多就越有价值,总以为别人给予了很多认可,自己就有了荣誉。如果你能有"其实这些都是假象"的思维方式,那么恭喜你,你已经开始进入修的行列了。

你看见别人感到讨厌，说明你没有平等心；你看到很多问题，但不去解决问题，说明你没有包容心。如果你看到了事业的不顺利，感到很痛苦，应该要思索一下自己为事业付出了什么。在面对困难时，那些义无反顾要冲向终点的人往往不会喊累，而那些意志不坚定的人，往往会遇到困难选择放弃或犹豫不决。

如果你明白"我眼中的自己，不是自己；别人眼中的我也不是我；我眼中的别人，才是自己"，就会对照自己，想一想"我为什么看到了这些东西？为什么会有这些抱怨"。

有一段时间，我老是觉得有位妈妈斜着眼睛看人。后来我明白了，是我应该反观自照，是我在拿异样的眼光看她。我眼中的别人才是我自己，是我没开窍。

每一次课程中我都会讲一个故事，讲了十几年了。

> 苏东坡年少轻狂时，有一天和佛印下棋，连输了三局。苏东坡很生气，跟佛印说："我昨晚梦到你了。"佛印说："阿弥陀佛，施主，你梦到我是什么样？"苏东坡哈哈大笑说："我梦到你是一坨屎！"佛印笑着说："施主，我昨天也梦到你了。"苏东坡以为佛印要羞辱他，就问："你梦到我是什么样？"佛印说："我梦到你是一尊佛。"
>
> 苏东坡心里高兴：自己羞辱佛印是一坨屎，佛印却说他是一尊佛。回到家里，他就跟苏小妹说："小妹，我羞辱佛印是一坨屎，佛印却说我是一尊佛。"苏小妹说："哥，你吃亏了。"苏东坡说："明明是我羞辱了他，我怎么会吃

> 亏呢？"苏小妹说："哥，因为你心里面有屎，所以看佛印是一坨屎；而佛印心中有佛，所以看你是一尊佛。"

姑且不论故事的真实性，故事本身是给了我们很多启示的：

第一，我们眼中的自己不是自己，别人眼中的我们也不是我们。我们眼中的别人、我们眼中的众生、我们眼中的世界才是我们自己。所以我们是在众生中修炼自己。

第二，我们的内心伟大、有良知、善良，看到的美好，呈现出来的世界，仅仅是一个代号，源于我们的投射、我们的选择。

第三，我们眼中的孩子，到底是"熊孩子"，还是精英，不取决于孩子自己，而取决于我们内心的投射。孩子扮演的是魔是佛，取决于他在我们心里投射出来的样子。

家长爱孩子的心是对的，所用的方法却不一定对。所以家长先不要否定自己爱的能力、爱的心态，只需要改进爱的方法就好了。

要感谢孩子，是因为孩子在不停制造问题，让家长有了很多思考，这些思考也让家长不断精进和成长。

家长的境界决定孩子的未来

思科前总裁约翰·钱伯斯在一次新闻发布会上讲道:"2020 年，全球将有 1/3 的工作以技术为核心。"我们已经进入了科技化时代。

现在几乎看不到公交车售票员了，公交车上大多都安装了刷卡机，高速公路也有 ETC 收费通道。也许无人驾驶汽车普及后，司机这个职业也将不存在了。

以前我们饿了，要么自己做饭，要么去餐厅吃饭，现在只要用手机点外卖就可以了。有人预计，再过 10 年，现在的企业中有 40% 将不复存在。这意味着，可能会有 40% 的人现在所从事的工作将不复存在。预计到 2040 年，全球将有 2/3 的职业是现在的人闻所未闻的。

周围大环境的变化不可避免，每个人看待世界的眼光也要随之改变。尤其对于家长来说，我们更要提升自己的境界，开阔视野，因为

序篇　孩子的问题其实都是家长的问题

我们的眼界对于孩子来说很重要，有时甚至直接影响孩子的未来。

有很多家长在孩子参加高考前问我："戴老师，我的孩子如果没有考上重点大学，怎么办呢？"我说："那就去上个专科吧，去找一座好一点的城市。"因为我觉得本科、专科的选择和学校所在城市的选择上，相对来说，是城市的选择更重要。从北京、上海、广州的专科学校毕业，有时候要比在三四线城市里的本科大学毕业的学生机会更多。

如果问我孩子学哪个专业好？我想说世界是变化的，不同的社会时期，热门专业也会不同，其实没有绝对的好专业。好专业和不好的专业都只是假象，专业本身无好坏。

30年前会开汽车、会用计算机的人就是有本事、有能力的人，现在绝大多数人都会开汽车，都会用计算机，这只能算是生存能力，不算多大的本事。我大学毕业以后的工作还是分配的。那时候正好我学的机械制造与设计专业的人才稀缺，所以当时我的工作待遇非常好。但现在的大学生毕业都是自主择业了，社会最需要的专业也跟当年有很大不同。

我遇见过几个孩子，他们的学习成绩都不太好，也因此不太有自信，于是早早放弃了学业，选择走入社会，参加工作。我对他们说："如果走出了校园之后，你们根据自己遇到的实际情况，进行了相应的思考，那么就不算失去了什么，因为你们的这些思考是很多在校园里上学的孩子没有学到的。"

知识对于未来有没有用？肯定是有用的。知识是进步的基础，但不同的时代对于知识的具体要求不同，有些知识对未来也许并不起决定性作用。

总的来说，我们的感觉是不断变化的，思维习性是变化的，社会发展速度是多变的，是有危机的。我们的感受是不真实的，思维习惯有时会骗我们。

面对变化的感觉、思维习惯、社会环境，教育到底该怎么办？家长应该注重什么，应该思考什么？如何应对呢？

之所以要探讨这个话题，是因为家长的视野、境界在某种程度上决定着孩子的未来。现在有很多家长的知识储备已经不如孩子了，甚至常识也不如孩子掌握得多。

当然，虽然时代不同了，孩子所需要的知识也不同了，但是很多基本的生活常识还是必需的。比如在沙漠徒步活动中，很多孩子一开始背着50斤（1斤＝500克）重的东西，我要帮他们减重量，他们还说不用。结果多走一会儿，他们慢慢就走不动了，这就是个常识——10岁的孩子背着50斤的物品在沙漠里是走不远的。在沙漠中徒步，孩子们得知道擦防晒霜，这也是常识。很多孩子刚开始不愿意擦，那怎么办？等他们晒得觉得脸疼了，下次就知道这种情况下要擦防晒霜了。

孩子只有常识也不行，还得有见识。"读万卷书不如行万里路，行万里路不如阅人无数，阅人无数不如名师点悟，名师点悟不如自省自悟"。以前听这几句话，孩子们可能没什么感悟，有了相关经历之后再看这几句话就会发现，这个道理已经跟他们的亲身经历融为一体了。

　　世界是变化的,但也有些东西是始终不变的。比如孩子愿不愿意付出,是否懂得爱,是否懂得感恩,愿不愿意与人沟通,这些都是必备的要素。不管技术如何进步,世界对这些能力的要求是不会变的。

教育的根本目的是把孩子变成真正的人

教育的根本目的是把孩子变成真正的人。

家长要想清楚,自己想要把孩子教育成为什么样的人,让孩子学习的目的是什么?是为了考大学,还是为了让他们掌握学习能力?其实,在社会发展进步的情况下,让孩子有学习的习惯和能力是比较重要的。

有些家长可能认为,孩子如果考不上大学就没有未来了。其实,刚恢复高考的时候,升学率很低,那时候的高考真如千军万马过独木桥一般。现在的升学率提升了很多,考不上大学的都是少数了。而现在企业招聘,看的也不仅是学历,还要看情商、逆商、爱心、责任心,是不是懂得付出,爱不爱劳动,等等。对于企业来说,能力是第一位的,学历已经变成第二位了。

我经常对孩子说:"宝贝,你要记住,你人生的经历才是最主要的。

学习在任何时候都可以进行。"

各位家长，如果你们拿到我这本书的目的仅仅是让孩子好好学习，考所好大学，那就错了。孩子的未来会怎么样，并不是能不能考上大学决定的。

家长到底要培养出什么样的孩子呢？

现在小视频、游戏占据了某些孩子的大部分时间，家长跟他说话，他看家长一眼，马上又开始玩了。这个问题源于孩子心中没有动力，也没有目标，更没有别人，完全不在意别人的感受。这样的孩子只在意自己的感受、爱好、兴趣。

> 20世纪初，沈阳东关模范学校的魏校长向学生们提出了一个严肃的问题："你们为什么而读书？"
> "为家父而读书。"
> "为明理而读书。"
> "为光耀门楣而读书。"
> 学生们这样回答。
> 有位同学一直默默地坐在那里，若有所思。魏校长注意到了，他让大家安静下来，点名让那位同学回答。那位同学站了起来，清晰而坚定地回答道："为中华之崛起而读书！"魏校长听了为之一振，他没想到，一个十二三岁的孩子竟然有如此的抱负和胸怀。他睁大眼睛又追问了一句："你再说一遍，为什么而读书？""为中华之崛起而读书！"魏校长听了，高兴地连声赞叹："好哇！为中华之崛起，有志者当效此生！"

为家里能够有更多钱而学习的人，就算从清华、北大毕业，最多也只是为自己的生活而忙碌；为中华之崛起而读书的人，一定是向上求法、向下普度众生的英雄。佛教里说"菩提萨多"，"菩提"就是向上求法，"萨多"就是下度众生。取得成功的人，哪个不是为了芸芸众生而发愿？

> 爱迪生并没有在学校的考试中取得好成绩，甚至因为爱提奇怪的问题被赶出学校。可以说，在传统的教育观念里，他并不是一个好孩子，没有好的学历，没有值得称赞的考试成绩。但他有梦想，他的梦想是让世界亮起来。在实验了一千多次之后，他最终找到了钨丝。

如果没有把孩子教育好，他们会怎么样呢？有的孩子有很好的物质条件，学习成绩也不错，但这并不表示他们就真的被教育好了。我遇见过一些学习成绩很好但很自私的孩子，自私的孩子未来会怎么样？

首先，人们很难跟他合作，他的事业会很难发展起来。

其次，他以后的婚姻生活中会经常产生矛盾。总是与对方计较我做得多了，你做得少了，这样的婚姻是不会幸福的。你敢让这样自私的人成为你的女婿、儿媳妇吗？

序篇　孩子的问题其实都是家长的问题

有一次，在沙漠徒步活动中，一个小男孩一直问我："戴老师，您知道我是谁吗？"

我说："我不知道。"

"我上过央视。"

我说："好。"

过了一会儿，他又问我："戴老师，您知道我语文老师是谁吗？"

我说："我不知道。"

"我的语文老师听说我跟您一起来参加沙漠徒步活动，要求我跟您合个影。"

我问："为什么？他认识我？"

男孩跟我说了他语文老师的名字，我说："我真不认识他。"他完全不在意，还是问："那我可以跟您合影吗？"

如果这个孩子只是说自己想和我照张相，我会满足他的要求。但听他这么说，我决定不跟他照了。

第二天助教跟我说这个孩子自己不搭帐篷，助教问他为什么，他说："反正我不搭你们肯定也会搭。"第三天，跟他同一个小组的几个孩子对助教说："我们申请揍他。因为他无论在哪儿说话都不让人，一直在批评别人。"

当然，我们肯定是不能让他们揍人的。我也仔细观察了几次，发现我只要见到他，他就在跟别人吵架。这孩子学习成绩不错，听说父母也很儒雅。但这样的孩子，我们在生活中见得少吗？

孩子素质不高源于何处呢？第一，家长没有重视；第二，家长没有起到模范带头作用。源头是上一代没有传承给他好的教养，这不是

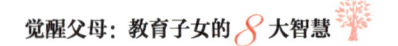

孩子的问题。

人们给别人添麻烦的原因可能是不自知，可能是没有教养，根源都在于没有把别人放在心上。心里有别人的人，会更有价值；心里有别人的人，会更幸福。

人为什么会不把别人放在心上？为什么会自私？因为在他的成长过程中，他觉得别人并不重要，自己的感受最重要，自己的学习最重要，自己的成长最重要。所以我要求我的弟子做的第一件事就是自己要坐一把椅子，先看看周围的人有没有椅子。你也可以试一下，去倒水的时候，看看别人的杯子有没有空着；想去吃东西的时候，问问别人要不要吃。

> 女教师拦高铁，让全车人等她老公；研究生在高铁上占了别人的座位，以自己生病不舒服为由耍赖。这样的新闻令人气愤，这些人很可能都是基础教育的英雄，却也都是素质教育的悲哀。

作为家长，我们要认真地去审视，教育的终极目标是什么。教育无外乎基础教育、素质教育和精英教育这三大类。

虽然我们都希望自己的孩子是精英，是高素质人才，但实际上80%的孩子接受的都是基础教育，15%的孩子接受的是素质教育，只有5%的孩子接受了精英教育。

基础教育教授的是生存必需的所有能力，简言之，无外乎是让孩子将来有饭吃。素质教育是让孩子将来除了有饭吃之外，还有品格、有兴趣、有爱好。精英教育是让孩子将来真正发起愿心，发起有益于社会利益的公众之心。

受过精英教育的人不一定是学习好的人，但一定是有正义感的人。我们倡导王阳明的"致良知"思想，就是希望每个人都有一颗有良知的心。但有些悲哀的是，现在有一些自私冷漠、没有正义感的人，甚至在讨论遇到老人摔倒了该不该扶。

看到了不好的事情不愿意去制止，或者不愿意让不好的东西变得美好，这样的孩子即便学习成绩再好，看上去素质再高，也是没有价值的。

> 在一次沙漠徒步活动中，有几个孩子中途要退训。原因是他们看到有别的孩子在抽烟，觉得一起参加活动的这批人素质太低了，他们认为自己是好孩子，而这个活动乌烟瘴气的。
>
> 我问他们："你们看到有人在抽烟了，是吗？"他们说看到了。我说："你们都学习成绩不错，刚刚高考完，都考上了很好的大学，是吗？"他们说："是的。"我接着问："当看到这些不好的事情的时候，有以下三种对待方式，你们会选择哪种？一是你们感觉他们很不好，这让你们很难受。二是你们觉得他们很不好，于是要让自己变得更强大，来帮助他们，让他们变好。三是你们能够意识到看到的只是个别现象，你们想要更有成就，更有未来，更有能力，想让国家变得更加强大，而这些人也是国家的未来，所以要努力让他们也意识到这一点。"

你把问题当作问题，就会制造更多的问题；你把问题变成机会，让自己变得优秀和强大，就会拥有更美好的未来。问题是淤泥，它也可以开出美丽的莲花。一个有素质的人，不仅要规范自己，还要懂得帮助更多人。

很多家长经常对比别人家的孩子和自己的孩子，认为如果别人家的孩子学习成绩不好，就不能让自己的孩子跟他玩。我要告诉大家，应该多让自己的孩子去帮助学习成绩不好的孩子。

我以前就是一个学习成绩不怎么好的孩子。如果我要出去玩，我妈会先问我："你作业写完了吗？"我说："写完了。""那老张家的孩子作业写完了吗？"我说："没写完。""那你去帮着他一块儿写，然后你们俩一块儿去玩。"我说："他学得那么烂，我才不要去教他。""那你会多少就教他多少。"我觉得我妈真是特别有智慧。因为别人不会写作业，我去教他，结果让我学得更扎实了。因为他不好，我想把他带好，我慢慢也变得更好了。

让自己的孩子去找比他更好的孩子玩，只能让自己的孩子感觉越来越不好；让自己的孩子跟比他成绩差一点的孩子去玩，能让孩子培养领导力，有帮助别人的成就感，这样会让他感到自己更有价值。

家长的言传身教直接影响孩子的能力

> 据说，韩国有一所学校将两盆巴西木放在学校里，让学生们分成两队，一队学生对其中一盆巴西木说："你长得真好看，你长得真漂亮。"这盆巴西木始终茁壮成长。而另外一队学生对另一盆巴西木说："我讨厌你。"15天后，这盆巴西木枯萎了。

如果你培养出来的孩子的人生观、价值观都存在问题，状况频出，没有自驱力，看待一切事物都是悲观消极的。这样你就不是在培养孩子，而是在培养魔鬼了。

有德有才的孩子是精品；有德无才的孩子是正品；无德无才的孩子是废品；而有才无德的孩子是毒品，这样的孩子建设能力有多强，破坏能力就有多强。如果培养出了无德的孩子，那将是家长的悲哀。

就算孩子没有才能，但他为人正直、善良、愿意付出、懂得感恩，未来也会有幸福的家庭、发展良好的事业，以及很好的朋友。不是所有人都能够成为天之骄子，做一个普普通通、乐于奉献的人，也未尝不可。

2014年9月，阿里巴巴在美国上市。马云成了当年的中国首富。

我对马云还是有点了解的。他曾经跟我聊过这么一个话题，他说："我初中考了两次才考上一所高中，高中升大学也考了两次。我的数学成绩非常烂，但我的英语成绩还可以。我爸爸是艺术工作者，他经常跟我们说，我们家每个人都天赋潜能，将来都是独一无二的。但是他当时说这话的时候，我是不信的。我的个子在全校男生里属于矮的，我大学毕业后找工作时，全班30人去应聘，其他29人都被聘用了，就我一个没被聘用。我在杭州找了将近200次工作，都被拒绝了，因为我上的并不是什么好学校。于是我跟我爸说：'你说得不对。你说我是独一无二的，我是有大用处的，我是与众不同的。我现在真与众不同，别人都有工作了，就我没工作。'我爸说：'那说明那些工作并不配你，一定有更能够帮助别人的职业在等着你。'"

事实证明，马云的爸爸确实培养了一个精英人才。他爸爸发现马云身上还有一个优点，就是英语口语不错，于是把他领到西湖边上，让他帮助外国人，给他们指引道路。也许就是从那时起，培养了他愿意去帮人的心。

从这些经历上看，马云算不得多厉害的人，但因为有父亲的鼓励和精神支持，他走过了那些挫折。

其实每个人都是在一次次的修行中成长起来的。孟子说："天将降大任于斯人也，必先苦其心志，劳其筋骨，饿其体肤，空乏其身，行拂乱其所为，所以动心忍性，曾益其所不能。"

天降大任之前，会先让你的内心感觉到痛苦。我从事教育行业这十几年来，每年的飞行距离都有十二三万公里。有时早上起来甚至会问自己："这是哪里？"每天我都在问自己："你真的要这么做吗？你也有父母，有家庭，你完全可以选择另外一条路，为什么要不停地讲课？"

我纠结了很久，直到有一天，坚定战胜了动摇，我的相信战胜了不相信，我的勤奋战胜了懒惰。我不再问自己是不是要继续做了，我知道自己就这一条路可走，我必须去做这件事，我的心也就安定了下来。

为什么要成就一个人，必先苦其心志，劳其筋骨，饿其体肤，空乏其身？就因为有了这些磨难，人会更坚定。

在经历磨难的过程中，人都会有想要放弃的时候。内心的不断挣扎，就是"行拂乱其所为"。

> 在沙漠徒步活动中，一个小孩被我拖着走了两个多小时。他最后趴在地上说："我不走了，你就让我死在这儿吧。"我哄着他说："咱们再走一个山坡就够了。"结果过

> 了一个山坡又一个山坡，孩子说："戴老师，你就是个骗子。"我说："那我背你吧。"他说："我不让你背，我知道你也走不动了。"我说："我没问题，如果你不让我背，那我们就继续走。"我们走到第三个补给站，很快就能看到营地了。我试着问他："你别走了吧，上救援车吧？"他说："不行，我要往前走。"结果，在离终点不远的时候，他跑起来了。我的眼泪都下来了，我知道，这孩子有了一颗坚定的心，他已经不会再轻言放弃了。

孩子不就是这样吗？孩子在跟我们说他很苦、很累、很饿的时候，如果我们说出来的每句话都是让他有力量的，他就会走过当时的曲折，完成天降的大任。

所有精彩的电影、电视剧，都有跌宕起伏、百转千回的情节。明白了这个道理，在追求爱情婚姻的过程中，所经历的跌宕起伏，都会让我们更加坚信这是一场修行；在追求事业的过程中，坚信经营事业也是一场修行；所有身边人跟自己都是同道中人，与之相处也是一场修行。成长过程中我们遇到的人都是在修行中不断成就我们的人。

孟子讲"夫志，气之帅也"，一个人是否有气魄，源于志向是否高远。人知道要到哪里去，才能知道应该怎么去，不管路途中有多少挫折困难，只要勇于面对，总能过关。如果你的孩子现在正遭遇困难，你要先给予鼓励和支持，这种精神的力量，有时候是无限的。

第一大智慧：
正确爱孩子

孩子成绩好，你要爱他；孩子成绩不好，你更要爱他，因为他是你的孩子。有风有雨的时候，你得给他遮着。

爱是教育子女的基石

要建成万丈高楼，必须有一个坚实的基础。家长想要教育好孩子，也是建立在爱的基础上的。"爱"字怎么写？

爱

一撇三点，一个秃宝盖，下边一个友谊的"友"。繁体字的"爱"在友谊的"友"里面加一个"心"字。一撇象征着风，三点象征着雨，秃宝盖象征着家。无论风也好，雨也好，在家里面都要用心、友爱、尊重。

其实不只人类有爱，动物界也有，只不过动物界的爱跟人类的爱的维度不一样。动物爸爸妈妈，也给孩子喂吃的。但是动物生活的环境要比人类生活的环境残酷，动物们完全是适者生存，优胜劣汰。小鸟长大了，不会飞怎么办？爸爸妈妈会把它从山崖上推下去，如果它能够飞起来，就能活下来；如果它还是飞不起来，就会被淘汰。

和动物相比，人类有更高的维度，人类不仅懂得爱，还会把爱不断延伸放大。

在大灾难面前，一些伟大的父亲、母亲为了自己的孩子甚至愿意牺牲生命。

人类除了爱孩子，还懂得互相给予爱。人类懂得世界是"依他"而存在的。无论自己多有本事，一个人都是很难在社会上生存下去的。我把力量给予你，你把力量给予我，我们两个人的力量又给了另外两个人，这两个人的力量又传递给那两个人，这样慢慢形成了社会。社会是一个爱的团体，在这个团体里需要互相爱对方，我们身上的衣服没有一寸布是自己织的；我们吃的饭菜，没有一粒米、一棵菜是自己种的；我们住的房子也是别人盖好的。明白了人人是为我的，我是为人人的，也就懂得了什么是人类社会意义上的爱。

有家长说："我很爱我的孩子，也表扬他，鼓励他，但是他并不听我的话，也不认同我。我为他付出，他总是觉得理所应当。这是为什么？"这是孩子跟家长的亲子关系出了问题。

这里说的关系不是法律意义上的，而是心与心之间的关系。

有些家长对孩子说："我是爸爸/妈妈，你就应该听我的。"如果孩子在心里认同家长，家长说什么他都会听。如果孩子心里不认同家长，那家长亲他，对他来说可能都是一种冒犯，一种伤害。

有的家长说孩子完全不听家长的话,甚至家长让他往东,他非要往西走。有些有这种表现的孩子到了我的课堂上学了几天之后,情况明显好转,这让家长感到纳闷:"我给他吃,给他穿,养他这么大,我说什么他都不听,怎么到你那里学了几天时间,他什么都听了。你有什么魔法吗?"我说:"我没有魔法。我只不过明白人与人之间除了爱,还需要尊重。我知道他也是渴望爱的孩子,于是变换了一种爱的方式。我知道你们之间的关系出了问题,而爱能修补一切关系。"

孩子和家长之间之所以出问题,主要原因是原本合理的关系现在变得不合理了,爱出了问题。家长们要明白,爱是教育孩子的基础,没有这个基础,所有方法都会成为家长打着爱的名义来达到自己目的的手段。

爱是需要学习的

◎ 你真的会爱你的孩子吗

各位家长，你爱你的孩子吗？你会爱你的孩子吗？你爱孩子的方式对吗？有的家长说："爱还需要学习吗？"其实爱是需要学习的。家长原本对孩子的爱的方式都是对的，但是随着孩子的不断成长，逐渐对爱产生了很多误解。

有的家长说："我的父母就是这么教育我的，为什么我用父母教育我的方式教育孩子就不行了，现在的孩子到底怎么了？"这又回到了我在序篇提到的问题，时代已经不一样了，家长的境界也要有相应的变化。

过去，生活不富裕的时候，老王家的孩子裤子打补丁，老李家的孩子衣服也打补丁；老张家吃不饱，老赵家也吃不饱。物质不那么丰富，孩子又多，没办法对每个孩子都认真教育，家长甚至有时会动手打孩子，在爱的背后也给孩子造成了很多伤害。现在国民整体素质提升，家长都认识到了打孩子不对，现在如果再照搬几十年前的教育方式，那就是大大的不妥了。

我建议家长们自己反思一下，有没有经常当着孩子的面吵架？有没有在孩子已经感到非常惊恐的情况下，还继续"战斗"？有没有在孩子害怕到极致的时候，依然吵得忘乎所以？你们的不停争斗，无形中给孩子造成了很大的影响。这种情况下，你们再说自己很爱孩子，孩子其实已经感受不到了。

有的家长看到这里，会担心说："这种事我干过，怎么办？"知道总比不知道强，亡羊补牢犹未晚矣！所以也不用太担心，你现在明白了也不晚。家长给孩子留下的每一颗种子都会影响他的未来，所以教育孩子千万要注意方式、方法。

◎ 爱是精神而非物质

> 一个男孩向一个女孩求婚。他问女孩："你可以嫁给我吗？我们家有两台拖拉机、三头老母牛、一个大院子。如果你嫁给我，这些东西都给你。可以吗？"
> 女孩说："不可以，因为我不了解你。"
> 男孩接着说："我不是告诉你了吗？我们家有两台拖拉机、三头老母牛、一个大院子。如果你能嫁给我，这些

> 都给你。"
> "我没跟你相处过，不知道我们合不合适。"
> "我再跟你说一遍，我们家有两台拖拉机、三头老母牛、一个大院子。如果你能嫁给我，这些都给你。"
> "我不知道你爱不爱我。"
> "我不爱你，能把我们家的两台拖拉机、三头老母牛、一个大院子都给你吗？我当然爱你！"
> "可这是物质，不是爱。我需要的是爱。"

看完这个故事，家长也需要反思一下，是不是在教育孩子的过程中也存在这种情况。我经常听到家长说："我爱孩子，我给他吃，给他穿，给他找最好的学校。"但家长给孩子的是物质，还是精神？只给物质，这是不是爱？故事中女孩不嫁给男孩的原因就是男孩给的都是物质。那她如果嫁给那个男孩，是嫁给了人，还是嫁给了拖拉机？

所以很多时候，我们会把辛苦的付出、花了的钱错误地归纳成爱。很多夫妻之间发生矛盾，也是天天在争论"我干得多了，你干得少了；我挣得多了，你挣得少了"，基于此产生各种各样的矛盾，这都是只看到了物质，忽略了爱的表现。

由于不正确的教育方式及其他因素影响，现在有一些孩子过于追捧物质，而忽略了精神，价值观也产生了一些问题。甚至有人的婚姻观是"宁可在宝马车里哭，也不愿意在自行车上笑"，这种婚姻观就建立在物质基础上，而忽略了精神，忽略了爱，或者说是把物质误以为是爱了。

时代变化，全新的观念也在不停地影响着我们。随着物质的丰富、生活条件的改善，开始有人把物质财富当成衡量成功的唯一标准。每到各种节日，就见到很多人晒礼物，甚至有人刻意炫富，精神层面的东西反倒越来越淡化，以至于孩子从小生活在被物质包围的环境中。

我要告诉大家：不要给孩子带来这种过于重视物质的影响，爱是精神的，不是物质的。不要把给予孩子更多东西当成爱，这是你在跟孩子做交易，并不是真正的给予。

◉ 爱是给梦想而非控制

现在有一些孩子根本不知道活着的意义是什么，不知道自己为什么学习。我问他们为什么学习的时候，他们的回答大多数是为了考大学。那么考大学又是为了什么？他们回答是为了找工作。找工作又是为了什么？他们回答是为了能多挣钱。多挣钱是为什么？他们回答是为了好好生活。所有回答里完全没有体现出利于他人的心。这样的人的爱，是在学习的路上不停追求更多的物质。

考大学并不是人的梦想，它只是实现梦想的一个过程，是一个驿站。

我小时候，虽然教育水平很落后，但是大部分人都拥有梦想。老师问全班同学："你的梦想是什么？"有要当科学家的，有要当发明家的，有要当画家的。现在物质条件变好了，有些孩子却没有梦想了。

孩子失去了梦想，这是很可怕的。

我在跟孩子交流的时候，最重要的一件事就是帮孩子找到梦想。帮孩子树立梦想，这才是真的爱孩子的表现。有梦想的孩子就有了继续学习的动力，有了奋斗的目标。即便家长现在给不了孩子丰厚的物质也没关系，精神的力量是无穷的。

为什么有的孩子失去了梦想呢？这与家长有很大的关系。

好多孩子回到家，感觉自己是被控制了的。爱是什么？爱是支持他，帮助他，实现他的梦想。贪是什么？贪是支持他，帮助他，实现我的梦想。问题常常出在一些父母付出的不是爱，而是贪。他们把自己想要完成或者没有实现的梦想放在了孩子的身上，希望孩子帮他们实现。

十几年前，我曾经参加过一次电视台的节目录制。访谈的对象是一对母子，孩子读高二。母亲原来有很好的工作，后来把工作辞掉了，专门陪着孩子读书。母亲发现，孩子跟她的关系变得越来越陌生了。孩子在自己房间的门上贴了一张纸条，内容是"学习中，请勿打扰"。母亲有一次没有敲门就进了孩子的房间，孩子指着母亲说："你给我滚出去。"这让母亲受不了。

这位母亲跟我说："我属于很优秀的高知群体，但是我为了孩子的未来放弃了自己的工作，每天陪伴着孩子。这么长时间以来我一直在一心一意照顾他。早上起来给他把饭做好，把牙膏挤好。等他要起来的时候把洗脸水放好，温度调到最佳。"

这个孩子原本非常优秀，后来跟母亲的交流越来越少。孩子上学之后，母亲感觉自己特别空虚，只能不停地干活来缓解。在孩子放学回来之前，她要到菜市场买菜，给孩子煲汤，等孩子回家吃饭。每天翘首企盼孩子回来。

如果孩子正常是12:15回来，某天到12:17没到家，她心里都会七上八下的。慢慢地，她变得越来越焦虑，睡眠状况越来越差。她变得特别敏感，孩子也感觉特别无助。她说到这里哭了，说："我真的不知道为什么，我把一切都给了孩子，孩子却变成这个样子。我简直是养了个白眼狼。"

她的孩子就在屏风另一边，我把他母亲的陈述用确认的方式跟他聊了一遍，我问他是这样吗？孩子"哇"的一声哭了，说："老师，我不知道我为什么会变成这样，我觉得我是爱妈妈的。但是我把所有的情绪都释放给她了。我每次不快乐、痛苦的时候，就容易跟她发火。"

我问："你学习好吗？"

他说："我是我们班的班长。我在班里是非常活跃的，是能够主动帮助老师承担责任的人，是引领整个班级走向正能量的人。每次学校有各种活动，我们班都能拿到很好的名次，我的学习成绩也不差。不知道为什么，一到学校里我就有力量，一回到家里，就一点力量都没有了。在家里就感觉特别难受、特别灰暗。"

孩子说完，我们把屏风撤掉。

我问这位母亲："那你为什么不去上班？"

她说："因为我不放心孩子。"

其实，这种不放心完全是多余的。家长因为对孩子不放心，反而制造出了很多问题。

爱是全面发展而非只专注学习成绩

现在有很多孩子在家里基本没做过家务，他们的所有时间都用来学习了。其实学只是学习的一个方面，学习的最终目的是"习"。

学和习是不一样的概念，学比习重要，习比学有效。学了不去习，还不如不学。家长也是这样的，有些事情家长以为自己知道了，其实并不一定能做到，也不一定能取得预期的效果。"知道"与"得到"中间必须有个链接，就是"做到"。

前文提到的那对母子，母亲做过一件事让孩子特别抵触。孩子在高二时是班长。一次，学校发起了"给妈妈做顿饭"活动，孩子做饭时点着了火，不知道油、盐在哪里，就问妈妈。

妈妈问："你要干什么？"

他说："今天我们学校有个活动，要给家里做顿饭。"

结果，母亲一边找油找盐一边哭。

孩子感到特别纳闷，就问："妈妈，我给你做顿饭，不管好不好吃，你凑合着吃就行，你哭啥？"

母亲说："妈妈放弃了工作，天天陪着你，就是希望你将来成为真正的男子汉。结果你到学校里学习之后，跑回来天天围着锅台转，将来怎么成为男子汉？做饭是女人

> 的事，根本不是男人的事。"
>
> 　孩子完全不认同母亲的说法，于是所有的愤怒在那一刻集中爆发了。

孩子在性格形成期如果没有养成劳动的习惯，以后再让他爱劳动就难了。孩子明明是可以劳动的，也有劳动的能力，只是他们劳动的机会太少了。

家长们想想，你的孩子早上起床后会把被子叠了再去上学吗？7岁以上的孩子，内衣、内裤、袜子是自己洗的吗？

可悲的是，很多家长都是打着为了孩子学习的名义，剥夺了孩子的自我生存能力。总在说孩子太累了，孩子太忙了，孩子学习压力太大了。但孩子真的挤不出一点点时间锻炼生存能力、自理能力吗？

世界上的人大体上可以分为两种：责任者和受害者。责任者的典型特征是凡事都会想"这是我的责任"，受害者的典型特征是凡事都会想"这是你的责任"。

爱是精神的，不是物质的。不是家长给了孩子些什么东西，就代表真的爱孩子；家长让孩子拥有各种能力，才是真的爱孩子。如果家长不能把爱升华到精神层面，孩子也只会是"不负责任者"。

培养孩子根基的第一步，就是让孩子成为个人乃至家族、社会的责任者，而不是受害者，更不是毫无羞耻心地让别人为其提供一切的人。

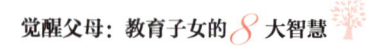

很多孩子最大的问题是认为别人给自己提供的一切都是应该的。确实也有一些家长说过："孩子，爸爸妈妈做的一切都是为了你。你什么都不用管，只需要好好学习就可以了。"

这会让孩子觉得，家长给他吃给他穿是应该的，他有了这些，再为家长好好学习。于是学习的主动性就不在孩子这里了，孩子不觉得是在为自己学习，而是觉得自己在为家长学习。

有一天孩子发现自己做不到为家长学习的时候，与家长之间的关系就出现问题了。有一些孩子天天在寻找家长哪里做得不好，不去找自己哪里做得不好。

遇到事情，先认为"这是我的责任"的人，学会了承担，学会了付出，学会了自信，学会了改变；而遇到事情就认为"这是你的责任"的人，会认为一切问题都在外界。他要改变的是学校、老师、社会、环境，但是他现在年纪还小，又什么都改变不了，就会感到有些挫败。

如果你的孩子回到家经常说老师不好、学校不好、社会不好……其实他已经"病"得很严重了，他现在是凡事都在向外在求原因，认为一切都是别人的错，而不调整自己，向内在看了。

如果你的孩子愿意帮助别人，愿意成为责任者，这个基础就是好的。现在很多孩子以学习遮百丑，其他什么都不管。这样的孩子长大了以后，家长才会发现他所追逐的其实都是不能让灵魂变得更高贵的东西。

有太多孩子的事情是家长代替他做。孩子慢慢觉得都是理所应当的。有的孩子手机丢了很着急，说是家长送的，自己很珍惜；也有的孩子对家长给的东西满不在乎，觉得丢了就丢了，自己家里并不差这点钱。后者几乎不会对任何人心怀感恩，他们心安理得地接受着家长的爱护，不会想到任何自己需要承担的责任。

在物质丰富的时代，让孩子变成责任者显得更加重要，为此，甚至可以让孩子经历一些磨难困苦。

爱是需要表达的

● 养成表达爱的习惯

家长都爱孩子,但往往是爱他在心口难开。其实"爱"是个动词,不仅要做出来,还要带有温度。

很多家长说:"我的爸爸妈妈也没有经常说'我爱你'。那时候各家都是兄弟姐妹好几个,家长甚至有时候还会打孩子。孩子的作业不多,作业写完了,会和小伙伴玩得昏天黑地。"其实,那也是交流和互动。以前是很多家人住在一个大院里,言传身教,各家之间也会互相影响。

现在物质资源丰富,但人们越来越被区隔化了。孩子的人际关系非常封闭,他们能跟谁玩?能到哪里玩?能玩什么?楼上楼下半年都不一定互相敲一下门。夫妻住在楼上楼下都要发信息交流,人们被小小的屏幕占据了视线，缺少了面对面的沟通和交流。

有些家长问我，孩子玩游戏、玩手机上瘾了该怎么办？其实这不是孩子的问题，而是家长的问题。家长想想，自己是不是早上一睁开眼就开始摸手机？这已经变成了很多家长的习性反应了。家长这样，孩子能不照着学吗？

大多数家长没有表达过对孩子的爱，这样的亲子关系是有问题的。既然爱孩子，为什么不表达呢？一个原因是没有养成表达爱的习惯。在很多国外的电影里，我们经常会看到他们的家庭氛围很好。每个人回到家里，都会说一声"我回来了"。不管是孩子还是大人，都要拥抱一下，贴一下脸颊。出门了也要说一声"我走了"。家人之间有一个仪式。

对孩子说不说"我爱你"是有本质区别的。孩子很小的时候，家长要多跟孩子表达，这时候家长说什么孩子都会听。孩子逐渐长大，跟家长的交流会变少。很多孩子到了青春期，跟家长的关系就出现了严重问题，变成家长说什么，孩子都不听，或者孩子选择性地听。孩子不愿意跟家长交流，学习也没有了动力，这时候家长再管他也没有用了。这就是因为亲子之间没有真正的表达，没有真正的沟通。

表达是一种习惯，家长要能够表达出对孩子的爱，不仅仅要说"我爱你"，更要表达出对孩子的关心、对孩子的认同、对孩子的希望，而不是一味地说教。不管孩子是什么样的态度，家长去表达就好了，但是也要注意把握好表达的尺度，不要太突兀。

> 一位妈妈听完我的课，回到家里已经晚上11点多了。孩子刚写完作业在刷牙，她蹑手蹑脚地走到孩子身后。孩子一回头问："你要干啥？"妈妈颤颤巍巍地说："孩子，你听好了，妈妈爱你。"说完转身就跑。孩子赶快漱了口，推开妈妈的房门，摸着妈妈的头说："妈，你没发烧吧？"

突然表达过于激烈会吓着孩子，你从来都不表达，突然开始表达，孩子也不适应，要循序渐进。

太多家长在教育子女的过程中就是"单相思"！以为自己是爱孩子的，可是孩子并没有感受到他们的爱。

每当我问到孩子们对家长是什么印象的时候，总有孩子说："烦、唠叨"，他们为什么会有这个误解？因为家长几乎只是关心了孩子的感受，却没有表达过自己的感受，孩子更不会主动理解家长。家长总是在孩子面前表现出自己强大的一面，不把脆弱的一面呈现出来，孩子看到的家长总是那么强大，无论提出什么要求，家长都会满足，因此他们很难想到要在意家长的感受。

● 用爱给孩子正面的情绪引导

影响孩子学业的第一因素是情绪的干扰，第二因素是基础知识不牢。孩子在初中阶段，如果情绪被干扰了一天，三天都缓不过来，无法进入学习状态；如果情绪被干扰了三天，一周都没办法好好学习了；

如果情绪被干扰一周,那可能一个月就荒废了;如果情绪被干扰一个月,那一个学期就白白浪费了。所以对于情绪干扰,家长一定要给予充分的重视。

初中阶段是孩子性格形成的关键时期。如果在家里,母亲不能经常给男孩正面的情绪引导,不能给他拥抱,不跟他表达爱,男孩会缺失"存在感"。母亲如果还经常批评指责孩子,孩子就会出现"哪里有压迫,哪里就有反抗"的情况,会用上网、辍学、离家出走等方式来证明自己的存在。很多男孩在这个阶突然变成了学校的"霸王",开始顶撞老师、打架。这其实跟学校没有关系,跟孩子在成长过程中没有自我有关系。他要用打架、逃学、抽烟等行为来证明自己的存在。他并不是真的变坏了,而是他要证明自己的价值。

女孩进入初中以后,父亲往往觉得自己不好教育,就把对女孩的教育责任交给了母亲,这可能并不是个好的选择。女孩13岁到16岁这个阶段,如果父亲的陪伴太少,跟孩子身体接触太少,孩子也会呈现出缺爱的状态。女孩缺爱,可能就会去向别人寻求关爱,比如会选择早恋。

对处在性格形成关键期的孩子,要多注意他的情绪,少对其造成情绪干扰。正确引导,多加关爱,让他体会到家长的爱,找到自己存在的价值。

爱是无条件的

爱是支持他、帮助他实现他的梦想。爱是不能带条件的，带条件的爱都是阴谋。

总能听到有家长说："孩子，你好好学习。如果这次能考 100 分，爸爸就带你去吃肯德基，或者给你买玩具。"家长这么做，孩子想到的会是一种阴谋。孩子会觉得我做到了某件事，你就会满足我的要求。那我是在为谁学习？学习动机是不是出问题了？养成这种思考方式，将来他工作以后也会计较你给我多少钱，我才给你做多少工作；我做了多少工作，你就必须给我多少钱。如果不能达成这种共识，他就会感到难受。对待婚姻、事业合作伙伴、朋友，会变得狭隘、自私，不愿意付出。

在我们过往的理解中，觉得人活着就是要给别人创造价值，也通过别人获得价值，如果对方对我们没有价值，或者未来对我们没有价值，我们的时间精力可能就不会在他身上有太多投入。这个道理就是，跟人合作时，你能付出多少就要全力付出多少；如果变成是你付出多少，我才能付出多少，就是带了条件的。

比如，在有些婚姻关系中，两口子经常为一些小事吵架，有时候甚至是诸如洗碗、拖地都能引发争吵。还有一个传统说法是"男主外，女主内"，其实，这就是有分别心了。谁有能力，谁有本事，谁就做自己擅长的事就好，并不是男人就一定做外面的事。

你付出的东西也还是你的。有些孩子做些什么事老爱讲条件，这种习惯不但会影响他的成长和沟通方式，而且对他的一生都会有影响。其实我们身边也有很多人是这样的，做什么事情都谈条件。他们与人合作先考虑：对方要什么？对方要的他有没有？对方能够带给他什么？这是签订合同的前提，也是交易的前提。如果对方没有他想要的东西，那就不往下谈了；如果对方有他要的东西，那接下来要考虑的就是他能给对方提供什么，对方才愿意把他要的东西给他。

如果家长带有条件地对待孩子，就会造成孩子在未来人生中对待别人也带条件。但也不是说要让孩子将来跟任何人谈任何事都不带条件。合作必须带的条件是双方要有共同的价值观。如果没有共同的价值观，只是为挣多少钱走到一起的，早晚有一天，钱挣够了，合作也就散了。

对于孩子的学习，如果家长是用物质为条件进行激励的，早晚有一天，孩子会让家长付出惨重的代价。有一位母亲就属于这种情况。她告诉孩子："你做到些什么，我给你干什么。你这次考到多少名的成绩，假期我就让你玩什么样的电脑，玩什么样的手机。"结果孩子真的完成了目标，之后一个月不出门，每天除了吃饭睡觉就是玩游戏。母亲每次跟他说："你该休息了。"他都说："我的任务完成了，你答应我的，你说了让我考到多少名，假期就可以尽情玩。"这个孩子后来一个月不洗澡、不理发、不与人交流，结果要开学了，他不上学了。他已经放不下游戏了，玩游戏上瘾了。

很多家长让孩子来参加我的培训班，也是跟孩子讲条件的，结果孩子来了以后不好好上课。我问孩子："你为什么不好好学呢？"他回答："我是跟我妈谈好条件的，我来参加这次培训，她给我做什么，所以我来的任务不是学习，只是完成任务，我坐在这里就可以了。我回不回答，写不写作业，参不参与，是我的事情。"这样的孩子能学得好吗？

回顾一下，你在教育孩子的过程中有没有这种承诺？有没有这种阴谋？有没有跟孩子讲过条件？这种带有条件的爱就让爱变了味道。这让孩子觉得他跟教育的关系不是共同营造什么，而是教育是达到他欲望的一种需要。我学习让你达到了需要，你就要满足我的欲望，而欲望会越来越大。

说爱是无条件的，但是我们还希望孩子能够做到"为天地立心，为生民立命"，或者想让他为家庭、家族承担更多责任，这是不是也是一种条件？这是精神方面的条件。而给他买吃的、买玩具是物质方面的条件。

《大学》里讲到"大学之道，在明明德，在亲民，在止于至善"。

学问其实可以分成三种：大学、小学、蒙学。

蒙学是启蒙教育，小学是术的教育、方法的教育。挖掘机技术、机械制造与设计、计算机应用工程、金融与会计、法律法务，所有在"术"的操作层面的教育都为小学。何为大学呢？"大学之道，在明明德"，就是人的精神世界无限大，是道。"失道而后德，失德而后仁，失仁而后义，失义而后礼"。在人类的世界里，有形有象的最高的能量维度叫"仁爱"，也就是我讲的爱。人类的事情，很多时候用爱就能解决。

爱是有层级的

爱的四个层级

爱有四个层级：第一个层级是索取爱，第二个层级是交易爱，第三个层级是成为爱，第四个层级是就是爱。

处于索取爱层级的孩子的特征是：认为家长做的一切都必须为了他。家长不为了他，他就要把家里搞得昏天黑地，让家长一想起他就觉得恐怖。他变成了吸血鬼，家长必须满足他的愿望，否则他就要死要活。这样的孩子白天在家里睡觉，晚上去各种社交场所玩，社会关系复杂。跟他交流时，他会说"我妈这个不对……我爸那个不对……他们两个怎么样，学校老师怎么着……"觉得什么事情都是别人有错。

处于交易爱层级的孩子的特征是：认为家长做到些什么，他就做到些什么；他做了什么，家长就必须做到些什么。这种孩子多数有各种各样的"瘾",再加上比较自私,将来也许很难在社会上立足。

处于成为爱层级的孩子,他们的家庭一般处于成为爱层级。这种家庭不断学习,家庭成员也都能做到内省,每天精进。

处于就是爱层级的孩子大部分时间都用在帮助别人、成就别人上。他们走到哪里,哪里就会被他们影响;他们走到哪里,哪里就会有温暖;他们走到哪里,哪里就会有正义;他们走到哪里,哪里就会有笑声。他们已经是"爱"的代名词了。

处于索取爱层级的人,家庭是不幸福的,他们总是希望对方多给自己一点。这样的人经常会觉得自己没有安全感,需要找别人来增强安全感;他们没有自信,需要别人帮他们增强自信;他们也没有快乐,要找快乐的家庭给他们增加快乐。一切都是向外寻求,这就是在索取爱。

处于交易爱层级的人,在家里要求分工特别明确,你干什么我干什么分清楚。我见到有的家庭,夫妻结婚20多年了,还是什么事情都分得特别清楚,谁也不多做一件事。这样的夫妻我个人觉得不是真爱,只是在交易爱。他们没有长久的价值观,也没有长久的动力和目标。

处于成为爱层级的人会每天精进,不断内省,不断改变,不断成长。他们会用学来的东西不断利他。在利他过程中使自己变得更有价值,更有能力。

怎么进入成为爱的境界呢?可以多读书,多帮助人。

想要孩子进入成为爱的境界,有三个条件:

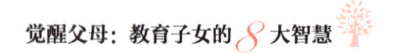

第一，让孩子明白爱是精神的，不是物质的。让孩子知道他是一个责任者。

第二，爱要让被爱者感受到，如果你的孩子经常感受到别人给予的爱，他会有个好性格，也不会让情绪干扰学业。

第三，让孩子明白爱是不能带条件的。这样的孩子走到哪里都会是积极阳光的，照到哪里哪里亮；凡事讲条件的人是消极的，像月亮一样，初一、十五不一样。

处于成为爱层级的人是积极的，处于索取爱、交易爱层级的人是消极的；积极的人"知止而后有定，定而后能静，静而后能安，安而后能虑，虑而后能得"。"知止而后有定"是说人的方向非常明确，心非常安定、笃定。"定"在佛教里是指"戒定慧"的定。

处于就是爱层级的群体，知道人来到世上就是要不断利他，不断帮助人。

教育的目的是让孩子"成为爱"和"就是爱"，这是精神世界里的高级维度。

每个人都会遇到不快乐的事，但每个人不快乐的层面并不一样。如果你的孩子因为每天能帮助别人而快乐，因为没有帮助别人而痛苦，那他将来会是个有利于社会的人。有太多孩子是因为游戏没有玩好而不快乐，因为没有吃好而不快乐，因为要买的东西没有买到而不快乐，这样的孩子的关注点只在自己身上，很难想到对别人伸出援手。这样的孩子就算学习成绩很好，也是只会索取爱、交易爱的人，一生的事业可能不会太顺利。

◎ 孩子并非完美，爱要始终如一

爱是不能带条件的，家长不能只因为孩子学习成绩的好坏就爱他或不爱他。

"恶"字怎么写？

恶

"亚"字下面一个"心"字，即当一个人处于亚健康状态时，心就要出事了。境由心造，相由心生。口乃心之门户，面乃人之门户。从脸色是能看出心情的。

现在好多人过得不快乐，因为孩子考试考得不好他会很难受，觉得天要塌下来了，甚至觉得一次考试成绩会影响孩子的未来。

孩子考试考不好，他自己本来就很难受了，没有一个孩子是能考100分而愿意考95分的，也没有哪个孩子能考进前10名却故意考入后10名的。孩子考得不好，自然会拿自己的成绩跟同学的对比。自尊心、自信心、进取心、自我价值都会受到挫折，有的孩子甚至会觉得对不起父母、对不起老师。

想一下，每天起早出门上学的人是谁？一道道题是谁在写？一个个单词、拼音是谁在记？是孩子自己。家长带着条件爱孩子，会说："就你考这点分，看看你们班第一名考了多少分？我都弄不明白你天天在学校都在干什么！你这样做对得起爸爸妈妈为了你这么辛苦吗？你这样下去还有没有未来？"这会让孩子的心理感受更加不好。

孩子成绩好，家长要爱他；孩子成绩不好，家长更要爱他，因为他是你的孩子，有风有雨的时候，你得给他遮着。这颗爱孩子的初心是不能变的，不能因为孩子成绩不好，或他成长的过程中遇到了别的问题，就发生变化。要知道，犯错误是孩子成长中的必经环节，孩子是以不断犯错误的方式找到正确的人生道路的。

家长要明白，既然孩子来到你身边，成为你的孩子，那无论他变成什么样子，你都要接受，要耐心教育，要一如既往地爱他，不能在他表现不好时一脸不高兴，甚至出口伤人。

凡是把孩子培养成索取爱的人的家长，我必须告诉你，你的教育孩子方式是失败的。在现阶段，你必须反省自己和孩子的关系链接，去修复亲子关系。

亲子关系在交易爱这个层面的家长，我也要给你敲响警钟，因为交易爱最终会滑向索取爱。

而亲子关系在成为爱和就是爱层面的家长，恭喜你，你们把孩子教育得很好。

第二大智慧：懂得表扬孩子

你越关注孩子的缺点，孩子的缺点越会呈现；你越表扬孩子的优点，孩子越会对自己有正面的认识，越容易建立自我价值。

关注孩子的优点，孩子才有优点

◉ 你的焦点决定了事物呈现的样子

很多人认为，表扬谁不会？你还真不一定会。就像我们都知道爱，但爱的背后还有好几个层级，爱还有很多表现形式，还有很多误区，又有几个人知道？

有些家长说："我在外面做得很好，但是回到家就不是那样了。"

我们经常把美好的语言说给了别人，回到家里，对自己的孩子却没有耐心了，往往会把最不好的一面表现出来。

《大学》里面讲的"止于至善"即是没有分别心，没有好恶。如果对自己身边的人能做到止于至善，你就算是进入大学之道了。

为什么我们对身边最重要的人总不能做到亲善？为什么我们跟孩子说"我爱你"的时候就会感觉很陌生，甚至有些不好意思？

与关系越亲的人相处，往往越是我们的修行，越是我们的功课。我在课堂上跟很多家长做过一个试验：让家长用 10 分钟写出孩子的 10 个优点，再用 10 分钟写出孩子的 10 个缺点。接着，我又让家长在 3 分钟内写出自己的 10 个优点和 10 个缺点，家长写出来的自己的优缺点往往要比孩子的优缺点多很多。

人们原谅自己的缺点非常容易，发现别人的缺点也很容易，但是发现别人的优点就很难了，原谅别人的缺点就更不容易。

那么，发现优点、发现缺点有什么用呢？举个生活中很常见的例子。你刚开始学骑自行车的时候，看到前面路上有一块石头，你想着绕过它，结果手脚就是不听使唤，越想绕过，就会越往石头上撞。这是因为你的关注点并不在路上，而在石头上。

再比如，今天你穿了一件花衬衣，走在街上会发现另一个人也穿了一件花衬衣，一会儿又发现还有一个人也穿了花衬衣。其实并不是今天穿花衬衣的人格外多，而是你的关注点在花衬衣上，忽略了其他衣服。

从某种意义上说，是你"创造"了想要避开的东西，你的关注点就等于事实。我让家长们写出孩子的优点、寻找孩子的优点的时候，他们会发现孩子浑身都是优点。

人的意念是非常强大的，有时甚至比语言和行为的能量还大。越害怕什么，越会出现什么；越担心什么，越会出现什么。你希望孩子的字写得好，结果却是总看到孩子的字写得不好。于是你就会跟孩子说："你看你这字，写得就像狗爬一样。你能不能好好写，认真写？"

其实这种做法是不明智的。

从现在开始，我希望你能有所改变，比如在孩子写的所有字里，发现写得相对不错的字，对孩子说："这个字写得太棒了！"这样会让孩子的关注点逐渐转移到写得比较好看的字上。

事物在本质上都有好的一面和不好的一面，关键看你在采集什么，如果你采集的是好的一面，看到的自然就是好的一面。如果你老是采集不好的一面，看到的也会是不好的一面。家长面对孩子时，如果不断采集好的一面，会发现孩子在自己心中的形象就是好的；如果总是采集不好的一面，会发现孩子在自己心中的形象就是不好的。

为什么多数人感觉恋爱时比结婚后更幸福？因为在谈恋爱的时候，男女双方都会努力把自己的优点呈现出来，彼此会原谅或者忽略对方的缺点。结婚以后双方都开始看到对方的缺点了，甚至有人会说："我结婚之前简直瞎了眼，怎么找了这样一个人？"

对待孩子也是一样，在孩子刚刚出生的时候，抱着小生命，你觉得自己是最幸福的人。他像个小肉球，每天都让你很开心，因为你看到的都是他的优点。你一点都不感到烦恼，对孩子特别有耐心。孩子慢慢长大了，你越来越多地注意到他的缺点了，甚至会拿着放大镜不停地找他的缺点。你越关注孩子缺点，孩子的缺点越会呈现；你越表扬孩子的优点，孩子越会对自己有正面的认识，越容易建立自我价值。没有人喜欢别人说他的缺点，所有人都喜欢别人说他的优点。

有的家长对此感到非常纳闷，说："戴老师，我的孩子确确实实有那么多缺点啊。"是的，是因为你的关注点都聚焦在他的缺点上，

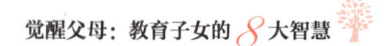

并且不断聚焦、放大，你能看到的肯定就是他的缺点。

你关注什么，什么就会呈现出来。孩子吃饭慢，早上起床特别磨蹭，你特别着急地催促他，结果越催越慢，孩子也不快乐。下次遇到孩子吃饭很慢的时候，你可以面带笑容看着他说："妈妈都观察你三天了，发现你这几天吃饭的速度越来越快了。"只需要这一句话，孩子吃饭的速度就会慢慢变快。但是如果你说："你能不能快点，你怎么这么慢？要迟到了。"那他的速度会越来越慢。

⊙ 表扬就是聚焦优点

表扬是什么？就是请你把焦点聚焦在对方的优点上。你聚焦优点并不断确认的时候，会发现对方的优点越来越多。

> 炒土豆丝是很体现厨艺的一道菜。第一，这道菜很考验刀功，切得粗细不均匀可能会炒不熟；第二，土豆丝的淀粉比较多，做不好会糊锅；第三，炒不好会不入味。
>
> 有位老公心血来潮要给太太做一顿饭。他平时很少做饭，所以切的土豆丝很宽很厚，炒了半天也炒不熟。最后炒出来里面是生的，外面是糊的。菜端上来以后，太太说："亲爱的，这是我一生中吃过的最好吃的土豆丝。我真的特别感动。你看你虽然平时都不做饭，但第一次做饭就能做得这么好！虽然土豆丝切得还有点宽，有点厚，但你知道吗，我第一次炒土豆丝的时候，炒出来的是全生的，你

> 竟然有一半都炒熟了，真的很厉害。下次如果你能少放一点盐，那简直就是人间美味了。我觉得我简直是天底下最幸福的女人。"

有人说："这不是说假话吗？"那我只能说："活该没人疼你。"其实这是一个教育过程，不是一定要计较真假。

在采用了这种方式教育老公后，老公下次再切土豆丝的时候会注意切细一点，炒的时候也会少放盐。

但是有的老婆遇到这种情况，会说："你赶紧到一边去吧，好好两个土豆让你给炒成什么了？这还能吃吗？我看你就不是做饭的料。"那之后的情形会是老婆下班回来，累得不行，老公跷着二郎腿，抽着香烟，喝着茶说："老婆你回来了，我还饿着呢。"然后老婆只能去做饭。这样的老婆还会不停抱怨："我的命咋这么苦。"

家长对待孩子也是一样的道理。教育孩子的目的是让孩子拥有能力，过程怎么样其实并不重要，这跟说假话在本质上是不同的。

● 表扬是营造感觉

一切生命的动力都源于感觉。不做饭的人刚开始做饭，受到表扬会让他心情愉悦，找到了美好的感觉。一个男人爱一个女人，也不是因为她长得漂亮、有钱、出身高贵，而是觉得感觉好。感觉不好的时

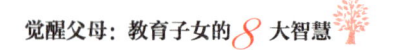

候,即便她各方面条件都好,对他来说也什么都不是。有时候你最讨厌、最恨的人,反而是别人朝思暮想、天天想念的人。这跟这个人本身没有关系,只跟你与对方是否链接了美好感觉有关系。

教育其实就是营造感觉的过程,我们的一生就是感觉的积累。经营感觉就相当于经营生命。

实际上人的一生都在经营感觉。无知的人、平凡的人跟着感觉走;强大的人、内修的人经营感觉。

你看到一个人走在沙漠中,被太阳晒着,呼吸着热浪,突然有一阵风吹过来,他的眼睛被迷了,你觉得他应该挺难受,其实他自己感觉很好,他乐在其中。所以外在给人什么并不重要,重要的是内在聚焦到美好和强大的感觉上。表扬的目的是聚焦美好,让对方产生美好和强大的感觉。

⊙ 看到孩子的优点考验家长的修炼

赞美表扬会让孩子学会承担,但是在家长的语言模式中往往表扬的少,看到孩子的缺点多,对孩子进行批评的多,家长老是盯着孩子的问题,会让孩子越来越不敢承担。

下雨了,我们知道要打伞;天冷了,我们知道要添衣服;天热了,我们知道要吹吹空调,少穿点衣服。我们不会去怪天气,因为我们已经接纳天气的变化了。你什么时候能修炼到接纳别人的缺点了,那么恭喜你,那时你的世界将是非常美好的。

对于家长来说，如果能发现问题，并且能快速解决问题，说明你很有能力。如果你经常发现问题，却完全不能解决问题，始终处于发现问题阶段，就很麻烦，情况会越来越糟糕。

你觉得自己的孩子懒吗？那是因为平时他的所有事情都是你包办的，你怕他做不好，怕耽误他学习。其实就因为他做不好，才要多做。做得不对，多做几遍不就会做了吗？习惯不就是这么逐渐形成的吗？

表扬并不是你表扬了对方，对方会怎么样，表扬最大的魅力在于让你能够发现对方的优点。世界是不是美好的世界，关键在于你有没有发现美好的能力。

在我的课堂上，总有一些特别自卑的孩子，甚至有很多抑郁的孩子。我发现他们的主要问题是不停聚焦不美好的事物，每天都在不停回放不美好的事物，于是他们看到的一切都是不美好的。

有的孩子特别自卑，我要求他写出自己的100个优点。他说："戴老师，我写不出来。"我说："你去写，肯定会写出来的。"他写完自己的100个优点，我让他大声念出来之后，他觉得自己是世界上最厉害、最棒的人了。

很多孩子跟家长关系不好，我就让家长写孩子的100个优点，让家长回去把孩子叫到面前说："孩子，爸爸妈妈通过学习，发现自己在教育上有很多误区。老师留了一个作业，让我们写出你的100个优点，我们在写完你100个优点之后，发现你是天底下最强大、最帅气、最有未来的孩子。你坐好，爸爸妈妈给你念念你的优点。孩子，你小的时候，有一次爸爸不小心摔伤了，你给爸爸去找药……"家长把孩

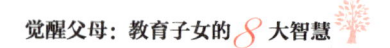

子的 100 个优点念完，孩子那颗冰冷的心因为不断受到表扬而跟家长走近了一点。

家长都希望自己的孩子完美无缺，那就要让孩子能够看到世间的美好。家长能够聚焦孩子的优点，看其他事物也从优点角度出发，对孩子会有潜移默化的影响。

所谓完美，不是什么标准都达到最好，而是对各种好和不好都欣然接纳，笑对所有事情。不管事情是好是坏，都能保持平和的心态去接纳处理。

不要让你的孩子因为你聚焦缺点而变得自卑。

表扬优点，接纳缺点

孩子表现得好，家长觉得自己是爱他的；孩子表现得不好，家长也要知道，他早晚会表现好的。各位家长可以认真回想，你是否也有差一点过不下去的时候、痛苦不堪的时候、背后被人捅刀的时候、觉得是世界末日的时候？你都走过来了，现在回过头再看，会觉得那都不算什么事。

你明明知道未来孩子也不会出现大问题，那你在难受什么呢？你明明知道过一段时间现在的事就不算事了，那你看到孩子现在的缺点为什么要这么痛苦？

生命就是链接美好的过程，人永远在追求快乐，逃避痛苦。可是在生活中，我们经常会放大痛苦，忽略快乐。我们经常希望孩子优秀，看到的却都是孩子的不优秀。我们希望孩子快乐，却总是给孩子制造很多痛苦。

你们夫妻之间的感觉是不是已经不像初恋一样了？你们的爱也不像当初那份爱了？你们怎么会把曾经美好的幸福生活慢慢经营成了日子？因为在年复一年中，你们彼此已经很难再发现对方的优点了。

如果你感觉自己是个不幸福的女人，我建议你去写出丈夫的100个优点，相信你会重新找到初恋的感觉；男人如果觉得老婆已经变成黄脸婆，就去写出她为整个家付出的100个优点。夫妻吵架的导火索永远都是陈芝麻烂谷子的小事，从今天开始，把两人经历的所有美好都搜集一遍，你们就会再找回初恋般的感觉。

经营企业也是一样，我建议企业内部不要轻易开展批评与自我批评活动。我建议老板坐下来找找每个员工的优点，员工也可以一起找找企业的优点。

> 我在一家企业做员工培训的时候，企业老板对我说："戴老师，我的员工简直太难管了，我天天头疼。"我让他先听课再讨论这件事。
>
> 下课后，我遇见有员工在聊天，有人说："我们老板太吝啬了，脾气又不好，简直就跟驴一样。"我问其中一个员工："你工作几年了？"他说："8年了。我们老板真的像驴一样，你跟他接触一下就知道了。"我说："你真厉害，你这么优秀的人跟着驴干了8年，你兢兢业业地上班，让驴每天给你发工资，我都不知道你是咋过来的。"这几个员工听我这样说都笑了。
>
> 我上完课，老板把我叫到了休息室。我说："你说员

工都不好管，合起来烦你，那你太厉害了，经营企业这么多年天天带着一群这么难管的人，企业还没有倒闭，吉尼斯世界纪录都应该看到你们。"老板听完也笑了。

我建议员工一起发现企业的优势，放大企业的优势，这样，企业就会慢慢强大起来。

放大优点，有针对性地培养孩子

很多人说我带领的团队为孩子们创造了许多奇迹。我想了一下，觉得我们之所以能创造奇迹，主要是因为我们不会轻易跟孩子说："你某某地方出了什么问题……"我们团队的任务就是找到孩子的优点，并不断放大他的优点。

我认为，一名合格的家长，首要的任务是放大孩子的优点。

企业管理中有一个"木桶理论"，讲的是一个木桶能装多少水，不取决于最长的那块板子，而取决于最短的那块板子，因而要补齐短板。我们培养孩子的时候恰恰相反，要把孩子的长处培养出来，让其发挥优势。

各位家长有没有找到孩子的优点？有没有放大孩子的优点？能不能有针对性地培养孩子的优点？如果人云亦云，看见别人家的孩子学了什么，也要自己家的孩子去学什么，结果很可能是孩子学不了多好。

如果有机缘，你可以把整个家族的人聚到一起，讨论一下你们家族能够传承到现在有多么不容易。你的爸爸、妈妈、爷爷、奶奶、姥姥、姥爷……他们一代一代传承下来，现在要把家族打造成什么样子。大家一起找一找家族的优势在哪里，找到每个人的优势在哪里，这会让整个家族更紧密地团结到一起。

我们的眼睛是用来看的，耳朵是用来听的，嘴巴是用来说和吃的。脏的、腐烂的东西，我们为什么不吃？因为吃了会拉肚子。那为什么眼睛看到的都是不美好的事物？耳朵听到的都是闲言碎语？嘴巴说出来的都是是非呢？

每个人的每一次出行都会遇到好的事物和不好的事物，如果你忽略了不好的事物，只看到了美好的事物，那这段行程就是非常美好的。但如果你发现不了美好的事物，只看到不好的事物，就会发现这段行程的不美好。所以美好和不美好不取决于别人，完全取决于你自己。

> 在培训中，我们经常会做这样一个游戏。以小组为单位，搬一把椅子到中间。先选一个人站到椅子上面，其余人围着看他，然后依次出自真心地赞美他，表扬他，肯定他的优点。站在椅子上的人只需要微笑点头接纳就可以了。所有人都说完赞美的话之后，再换第二个人站上去，大家一起赞美第二个人，就这样，所有小组成员依次接受赞美表扬。每个人至少要找到别人身上的 3 个优点。
>
> 我们每次做完这个游戏，大家都是笑容满面的。

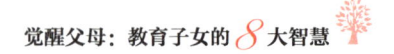

其实，家庭、工作环境、身边的朋友圈都可以这样聚焦优点。

各位家长请回想一下，你有多久没有表扬过孩子了？如果你天天在找孩子的问题，每天看着孩子都会觉得自己非常不幸福。但是如果你每天不断找孩子的优点，会发现原来你有这么一个聪明可爱的孩子。

我希望每个人的家庭氛围也是这样的，千万不要一天到晚老盯着问题看。大家要明白：你生活得幸不幸福，你的世界美不美好，不取决于外在，而取决于内在。你之所以会感觉不快乐，主要是因为你纠结于一些表面的问题。

> 当选南非总统的就职典礼上，曼德拉邀请了在狱中虐待过他的狱警并致辞："当我走出囚室，迈过通往自由的监狱大门时，我已经清楚，自己若不能把悲痛与怨恨留在身后，那么我其实仍在狱中。"

纠结在痛苦、错误、苦恼、伤害中，还想追求快乐，那怎么可能呢？我们举办沙漠徒步活动，组织人们在沙漠里走一段路，是想让人做减法。在徒步的过程中你会发现，只要带着自己真正需要的东西就好了。

你要快乐吗？那就放下痛苦。你要呈现美好吗？那就把不美好的放下吧。你的聚焦就是事实，你的关注点就等于事实。每个人都去发现美好，世界就会是美好的。

表扬是一种习惯，也是一种能力，跟吃饭、喝水一样。你慢慢养成了这个习惯以后，见到人就想说："你今天气色真好。"因为这句话会让你跟对方的距离拉近。佛教中有"言语的布施"的说法，言语的布施非常重要，有的人一走进来带着一脸不高兴，有的人一走进来面带笑容，这两种人给别人的感觉完全不同。

面对一切问题，你都能面带笑容，就说明你已经开始走在修行的路上了。你知道所有问题的产生都是让你成长的过程，所有问题都是让你锻炼自己的空性、格物、致知、诚意、正心的。

第三大智慧：
学会鼓励孩子

鼓励就是在孩子痛苦、失望的时候,家长不要再去指责他,而是选择相信他。

鼓励是孩子前进的动力

⊙ 鼓励是正面的引导

孩子小时候走路不小心摔倒了,家长把他抱起来,说:"是不是地摔的你?"于是去踩地两脚,接着对孩子说,"好了,不哭了,我打它了。"孩子不小心头碰到桌角了,家长马上问:"是不是桌角碰到你了?好,我打它了。"我相信这个场景,对很多家庭来说应该并不陌生。这给孩子的感受是"我的受伤是源于外在"。

也有些家庭是这样的:孩子不小心摔倒了,妈妈会把他扶起来说"孩子,别哭了",孩子情绪稳定了以后,妈妈对他说,"孩子,你知道你为什么会摔倒吗?是地把你摔倒的吗?不是的,是因为你没有看路。你以后走路一定要看路,遇到有坡或者有能绊倒你的东西要小心

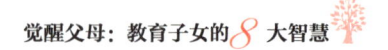

一点",这让孩子学到了什么?他会把摔倒变成一场经历、一次成长的机会。

还有个孩子摔倒了,妈妈说:"男子汉,站起来,不许哭。你是男子汉。你长大了以后是要保护妈妈的,如果你自己摔倒了不爬起来,以后怎么保护妈妈?将来你要不要保护妈妈?"孩子说:"要!""你真的好棒,以后摔倒了要怎么办?""要自己站起来。"孩子通过这件事学会了承担。

三种不同的对待孩子摔倒的方式,会让孩子有三种不同的经历和阅历。你希望你的孩子是哪一种?

孩子摔倒很正常,学习不好也很正常,孩子出现各种各样的问题都特别正常。如果你有两种选择,一种选择是指责孩子,发泄你的情绪,另一种选择是鼓励孩子,相信大多数家长会从理性角度选择后者。鼓励能让孩子产生动力,从而不断超越自己,挑战自我。指责会让孩子丧失生活动力、学习动力,他会认为自己"不行,不能,我做不到,我没有别人好"。

表扬是要发现孩子的优点,鼓励是当孩子遇到挫败、困难的时候相信孩子,给孩子正面的引导。

有两个孩子去打篮球,其中一个孩子投篮10次进了9个球,另外一个孩子投篮10次只进了1个球。进了1个球的孩子垂头丧气走下球场。妈妈拍着他的手说:"宝贝,你知道吗?你刚才的进球太帅了。""妈妈,别人进了

第三大智慧：学会鼓励孩子

> 9个球，我才进了1个球。""孩子，你知道吗？你刚才进那个球的时候，妈妈觉得你将来简直能在NBA打篮球，你太棒了。"
>
> 投进了9个球的孩子高高兴兴地走下球场，说："妈妈，我投进了9个球。"妈妈叉着腰说："你怎么搞的？为什么剩那1个球没投进去？刚才你没进球的时候，我太为你感到悲哀了，你就不能做到十全十美吗？"
>
> 最后，投进了9个球的孩子放弃了打篮球，而只进了1个球的孩子真的成了篮球运动员。

⊙ 鼓励是不当裁判员

我们都有悲伤失意、痛苦绝望、不快乐、不相信自己、觉得很恐惧的时候，如果这时有人走到你身边，告诉你，"没关系，有我呢"，这就叫鼓励。

但是很多孩子遇到问题的时候，家长往往没有雪中送炭，反倒是雪上加霜，让孩子的意志力和动力变得越来越弱。表扬和鼓励的性质完全不同，表扬是要看到孩子的优点，鼓励是要在孩子绝望、失望、痛苦、退缩的时候相信他，不断肯定他，而不是要求他。家长们，请认真思考一下，自己是不是进入了教育的误区？

能够有机缘学习一些家庭教育知识的家长的孩子是幸运的。要知道，有太多家长、太多家庭，根本不知道家庭教育需要方法。

如果孩子现在特别难受，特别不快乐，特别痛苦，家长只需要默默陪在他身边，坚定地看着他，不要让他感觉已经是世界末日了，不要让他感觉世界无望了。家长都觉得世界无望的时候，孩子只会更加感到无望。

在孩子痛苦、失望的时候，家长不要再去指责他，而要选择相信他。人遇到事，无外乎有三种思维模式：第一种是我相信，第二种是我不信，第三种是我半信半疑。

这三种思维模式会产生三种不同的行为，会让人有三种不同的结果，因为三种不同的行为会有三个不同的世界呈现在人面前。

如果你的孩子是一名篮球运动员，你可以扮演三个角色：

第一个角色是裁判。不管孩子的球投得是好是坏，只看他有没有走步，有没有撞人，有没有犯规。只要孩子一犯规，就吹哨子。这是裁判的责任。

第二个角色是观众。孩子进球了就鼓掌，没进球就喊"臭球"。

第三个角色是啦啦队。孩子进球了，为孩子加油；孩子没进球，也继续为孩子加油。

作为家长，你认真想一想，在教育子女的过程中自己扮演了什么角色？裁判是只发现问题，不断批评、指责、处罚。观众是情绪跟着孩子的表现走，孩子表现得好就鼓掌，表现得不好就指责。啦啦队则是无论孩子表现得好不好，都在为其加油。

有的家长觉得可以把家庭比作一支球队，家长扮演孩子的队友角色，家长是老队员，孩子是新队员，家长起到"传帮带"的作用。我想说的是，家长千万不要当孩子的队友。因为你们的境遇不同，你根本没办法感受孩子在学习中的酸甜苦辣。你曾经接受的教育跟孩子现在接受的教育并不一样。**家长就是家长，和孩子不是朋友。**

家长也不是教练。家长自己的人生尚需要不断提升，怎么能去教孩子呢？有些家长自己就是教育工作者，但除非有丰富的教育经历和教学经验，否则也还是不适合给孩子当教练。在学校里他们是老师，回到家他们就是父母。不能因为自己的职业是老师，认为自己培养了那么多孩子，就一定能把自己的孩子也培养好。

我相信各位家长也发现了，你强势一点的时候就扮演了裁判角色，弱势一点的时候就扮演了观众角色。

给你指责、评判、打击你的人和给你包容、鼓励、正面肯定，让你不放弃的人，如果你可以从中选择陪你经历风雨的人，我相信大多数人都会选择后者。

想一想孩子曾经的那些失意、困苦、想要放弃、胆怯、心惊胆战、不快乐的时候，你是不是作为裁判出现，给出了大量评判，却没有给出理解、鼓励和宽容？

有的家长在发现问题的时候，往往会变得焦虑、痛苦、愤怒，甚至采取破坏性方式来应对。于是很多时候，他们仅仅是在泄私愤，根本没去考虑孩子的感受，只是把自己的情绪淋漓尽致地释放在了弱小一方身上。

如果你的孩子现在表现得很好，只不过是你拿到了一副好牌；如果你的孩子现在表现得不好，那也别焦虑，因为拿一副好牌打好了不算本事，拿一副不好的牌把它打得很好那才叫真本事。没有孩子是教育不好的，关键就看你愿不愿意花时间，放下身段，从爱孩子的角度看到孩子的优点，并不断确认孩子的优点：当孩子遇到各种各样的问题时，你能够不断给予肯定、鼓励。

同样，如果你的孩子不够自信，作为家长，你就是急死，也不能真正帮助到他。你要首先相信他，给他信心。如果家长都不相信孩子，那就是把圣贤请来，也是没办法教育好他的。

你心里怎么想，生命就会怎么长；你有什么样的意念力，自然就要接受什么样的结果。当孩子不相信自己能学好英语时，他拼死都学不好。最后他说："看，我就不是学英语的料。"甚至有些家长也会说这样的话，孩子收到了这句话，以后再努力还是学不好，他也会自己找理由说："我妈都说了，我不是学习的料。"

在孩子遇到困难、挫败、退缩等一系列问题的时候，扮演好啦啦队的角色，及时给予孩子表扬、鼓励，这是家长应该承担的责任。给予孩子各种评判、要求、教导、讲道理，但这些其实一点用也没有。家长并不需要那么多技巧，只需要给予孩子鼓励和肯定。

信任、鼓励会让人获得新生

◉ **相信的力量无穷大**

> 在培训中，我会和很多家长做这样一个实验：台上站着9个人，其中1个人做裁判，1个人不动，请另外7个人每人伸出一根手指头将他抬到离地1米的高度。很多人一开始就不相信能做到。
>
> 其实这个实验我做过一千多次了，每次刚开始的时候，都是很多人不相信或者半信半疑，但参与的人齐心协力，一次次尝试，最后他们真的会把人抬起来。不信的话，你也可以找人试试。

做实验时在那几个人最后一次挑战前，我跟他们说："你们就假装相信一次，好不好？在抬的时候，大家相信能将他抬起来。千万不要想这事绝对不行。"

一位船长押着一个死刑犯和两位女性在大海上航行，结果行驶过程中遇到了海难，好不容易活了下来，但船已经没有了动力，他们只能在救生艇上随波逐流。过了三天三夜，两位女性已经奄奄一息，救生艇上只有一桶饮用水，船长不得已在危及生命的时候才给大家喝一点。饮用水越来越少了，大家都不知道救生艇能在海上漂流多久，也不知道什么时候才能碰到其他商船救援他们。

死刑犯邪恶地盯着船长及这桶水，只要船长体力不支，他就可以把他们三个人扔下海逃生。于是死刑犯时刻等待着船长没有力气。突然，船长把枪扔给了死刑犯。死刑犯感到非常奇怪，正准备枪杀船长的时候，船长说："我现在命令你当这艘船的船长，你的职责是看好这桶水，务必保证两位女性的生存。为了给你们三人省下一点水，我从现在开始不喝水了。"说完，船长晕了过去。

之后的一天时间里，死刑犯一直在进行内心斗争。他完全可以枪杀三个人，获得所有的水。这样，他能活得久一点，甚至有可能逃生。但是每当他有这个想法的时候，脑海里都会想起船长相信他、给他授权时的情景，最后他一口水也没有喝。甚至在船长晕厥的时候，还喂了一点水给船长。直到第四天，他们遇到了商队，所有人都活了下来。

船长苏醒后，死刑犯把枪交给了船长，并举起双手说："请拷上我。"船长问："你有很多次机会逃生，为什么要

第三大智慧：学会鼓励孩子

> 把枪还给我？"死刑犯说："因为你相信我，我生命中从来没有被人这么尊敬过。现在我终于明白了，当一个好人原来这么快乐。"

我们的所有担心、狭隘、没格局，都是源于不相信。所以，请记住，不要再说不相信孩子的话。

相信是一种力量。人无信不立，人因为信任而变得忠诚，因为信任而变得伟大。爱迪生小学没毕业就辍学了，他的妈妈相信他，最后他成了发明家。比尔·盖茨大学也辍学了，他的妈妈相信他，后来他成为世界首富。希望你的孩子成为爱迪生、比尔·盖茨，那必须让他们拥有像爱迪生、比尔·盖茨的妈妈那样的家长。

世界上谁都可以不相信你，你必须相信自己；谁都可以不相信你的孩子，你必须相信你的孩子。有的花早开，有的花晚开，不是所有花都一起开，你要坚信你们家的花早晚都会开。

佛教把"贪、嗔、痴、慢、疑"称为"五毒"，即五种烦恼障碍，其中最难调和的是"疑"。因为"疑"造成了人对真实、对美德、对真见永远抱有怀疑。这相当于一个人的心门总是关着的，别人也没有办法教他美德，没有办法真正帮助他。别人跟他说什么，他都不相信。还会因为不了解情况，做出错误的评判。

孩子长成现在这个样子，是家长一点一点塑造、打磨出来的。有些家长给孩子的爱有很大的问题，给孩子的表扬太少，给孩子的负面信息太多，对孩子的鼓励没有到位，不相信孩子，慢慢地，孩子自己

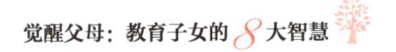

也不相信自己了。

◉ 孩子的优点比你知道的多

很多人对我的少年弟子班感兴趣。要想成为我的少年弟子，必须通过我的测试。我会对这些孩子的毅力、品行，以及他们的父母进行测试，但我不测试他们的学习成绩。我认为只要孩子有志向、有愿景、有能力，学习成绩就一定会好的。

我特别要考核他们的父母，他们也必须达到我的考核标准。

未来这群孩子走到哪里都会跟别的孩子不一样。我的那些少年助教，很多都曾经是"熊孩子"，让家里崩溃，现在他们都变成家里的骄傲了。很多上过我的课的老学员都共同见证了他们的蜕变，见证着他们从"熊孩子"到让人羡慕的孩子。

我相信你的孩子也一样，但前提是你要相信孩子能转变。一切都建立在"信"的基础上，相信本身是一种力量。

我每次让家长写出自己孩子的 100 个优点的时候，有些家长根本不相信自己能写出来，这自然也就把了解孩子这道大门关上了。你怀疑孩子没有这么多优点，说明你根本不是合格的父母。记住，你的孩子有很多优点，比 100 个多得多，这些优点需要你去唤醒。

你安静回想孩子从小到大曾经的美好，把孩子的优点挖掘出来，不是为了孩子好，而是让你坚信孩子是有未来的。你坚信这一点，一切都好办。

给孩子稳定的爱

◉ 情绪稳定，爱才稳定

我们都有爱，只是我们的爱往往只是建立在情爱、自我感受之上，而不是更高的意义上。

"知止而后有定，定而后能静，静而后能安，安而后能虑，虑而后能得"。"得"的是什么呢？是慧。佛家讲"戒、定、慧"，就是戒定内心时时刻刻有明确的目标。情绪时刻在稳定状态，不会因好恶、分别心失去爱。不会孩子表现好了就爱，孩子表现不好就不爱，而是孩子表现好我也爱，表现不好我也爱。

人类有了好恶分别，便有了情绪。美好的情绪产生的时候，我们就能连接美好。出现不好的情绪的时候，很多人会愤怒、嗔恨，会有错误的渴望。这种错误的渴望无法实现的时候，人就会产生烦恼。人为了得到更多的时候，可能会让自己的人格变得更狭隘、自私、贪婪，于是便有了贪、嗔、痴、慢、疑、不正见。

我们把"仁、义、礼、智、信"称为人的"资粮"，就是看不见的财富，是福德。我们要时刻警醒自己应该去做"仁、义、礼、智、信"的事。不要让自己有分别心，不要让自己变成遇到任何问题都只会在别人身上找原因的人。常常去思考，反省自己，于是我们便有了更多的"资粮"。其实所有修行无外乎如此，普通人做到这些就够了。

但在人的成长过程中，因为社会的原因、环境的原因、出身的原因，慢慢会让"明明德"变成"明暗得"。"明德"是你本身就有的，只是各种原因让"明德"落了灰，就像珍宝被糊上了泥，那怎么办呢？只能慢慢清理。持续清理，最后你会发现你本是明珠一颗。

所有智慧都建立在爱的基础上，爱能证明你和孩子之间的关系。很多人告诉我："戴老师，我也鼓励孩子，也表扬孩子，也按你的方法写了孩子的100个优点，也给他念了，但他就是不理我。"我想说，这是因为你曾经有很长时间的缺席，用了很长时间做了不对的事情。也就是说，孩子的这颗明珠不仅仅有一层灰，灰更是慢慢变成了坚硬的壳，如同璞玉外面有一层石头。你知道里面是有明珠的，必须不断雕琢。你要在不断雕琢的过程中，带着探索的心态、孜孜以求的精神，不断奉献。明珠慢慢暴露出来，你也自然而然成为专家了。所以不要害怕，不要恐惧，不要担心。

冰冻三尺，非一日之寒。孩子在你日复一日的教育过程中变成了现在这样，你想要朝夕之间就改变他，也是很难的。所以要有耐心，不要急于求成。

表扬是发现对方的优点，不断放大优点，让他找到美好的感受。如果在一个家庭里，每个人都能看到对方的优点，这个家庭里人的关系一定是和睦的；如果在一个单位里，每个员工都能看到企业的优点，企业会是成长的；如果我们都能看到社会的优点，社会也是美好的；如果我们都能看到国家的优点，国家也会是强大的。

因为这时候每个人都是责任者，而不是受害者。

在不断表扬的过程中，我们不但发现了对方的美好，而且让对方知道了责任。最主要的是，我们可以和对方建立深度联结。如果孩子跟家长没有联结，家长跟孩子说什么孩子都只会认为家长是想改变他，在给他讲道理。他并不真心愿意接受，这个世界上，没有人希望自己被别人改变。

◉ 别用单一标准来衡量孩子

国家的最小单位是家庭，家庭最重要的是孩子，孩子是国家的未来，也就是说，国之根本在教育。有老人摔倒了大家都不敢扶，这是教育的悲哀。崇尚金钱致富，认为所有成功的人都是有钱人，这也是不对的。那些默默保卫边疆的人，虽然没有钱，也是成功的人。我觉得人的内心的"资粮"、价值，一定跟财富无关，而是跟为社会做多少贡献有关，跟能够帮助多少人有关。

我站在讲台上，也不敢自称为老师。我认为人之大患就是"好为人师"，觉得"我是你的老师，你就得听我的"。天地君亲师，师讲出来的应该是自己做得到的事情。如果自己都没有做到，那这种人只不过是知识的搬运工，讲课只是为了养家糊口，不能算作是真正的老师。师是传道、授业、解惑之人，如果要传的道你自己都没走过，那要如何去传呢？授业，自己的业都没有做起来，要如何教别人呢？你自己有一大堆烦恼，还天天跟别人说："你听我的，你就没烦恼了。"这是不可信的。

特别是在家庭教育层面，绝不能翻过两本书，听过两堂课，就去给别人讲课。家庭教育必须有实践，很多老师的课讲得很好，是因为他们有十多年的教育经历，也为人父母，他们把自己的孩子培养得很优秀，这让他们能感同身受地给别人当老师。这种感同身受自然而然拉近了与其他家长的距离，让他们的课讲起来更有底气。

凡事都有不同的评价标准，用同一个标准衡量老师是错的，比如只看升学率，或者只看培训课堂的氛围。实际上衡量老师好坏的标准有很多。同样道理，用一个标准来衡量孩子也是错的。有的花早开，有的花晚开，不是所有花都会一起开。你的孩子现在表现不好并不代表他整个人就没救了，也许只是他的优势还没发挥出来。教育就像是根雕艺术，要顺势而为。逆势而为，就像一棵树在冬天本来很脆弱，水分很少，你非要把它掰成个什么样，它就有可能会被折断，甚至会死亡。

◎ 鼓励不应有附带要求

鼓励要用在孩子要放弃、感到绝望、很失落、不自信的时候，但鼓励并不是为了达到家长的目的。为了实现自己的目的的鼓励是贪，是错误的。

鼓励和表扬仅代表了一个生命对另一个生命的态度，不应有任何附带的要求。你表扬孩子的目的是让孩子好好写作业，你鼓励孩子的目的是让孩子好好听课，把作业完成，把考试考好。这都是带条件的爱，是阴谋。

鼓励也好，表扬也好，都仅仅是一个生命渴望另外一个生命更加美好、更加强大的过程。不要把鼓励变成工具，如果是那样，你的孩子最后就会对鼓励有耐受力了。孩子慢慢就会知道，你的所有鼓励都是带有条件的，此后你对他进行鼓励的时候，他会想：你少来这一套，我知道你有什么目的。这样，鼓励也就失去了意义。

其实教育不需要那么多技巧。我介绍完了表扬、鼓励，但是并没有给大家介绍具体的方法。因为具体的方法用在你身上适合，用在别人身上不一定适合；用在你家适合，用在别人家不一定适合；用在12岁的孩子身上适合，不一定用在16岁的孩子身上也适合。每一家的具体情况不一样。我只能告诉你，表扬、鼓励无论用在什么样的孩子身上都可以，但具体做法要根据你的具体情况来定。

可能有人会问："就这么简单？"是的，就这么简单，大道至简。教育本身也并不复杂，复杂在我们内心有太多恐惧、焦虑、担心、贪婪、嗔恨，于是呈现了各种各样、形形色色的表象。

第四大智慧：积极确认孩子

确认是你对自我的认知。如果你认为自己是多余的，那么你看什么都是多余的；你认为自己是贪婪的，那么你看什么都会觉得不够；你认为自己是嗔恨的，那么你看什么都会感到愤怒；你认为自己是傲慢的，那么你看什么都会觉得是不平衡的。

确认是对自己的态度

自己对自己的态度便是确认。一个女人认为自己不好看，而别人都说她好看，这不仅没有用，她甚至可能会认为别人是在羞辱她。如果我觉得我学习成绩不好，你说我学习成绩很不错，我会觉得你很虚伪，你说这话是想要达到自己的目的。

很多人希望别人喜欢自己。但他们连自己都不喜欢自己，又凭什么让别人喜欢？这就是错误的渴望。有的人会因为自己的皮肤黑而感到自卑，可是皮肤黑算什么问题呢？影响发育了吗？影响工作了吗？好像也都不影响，那皮肤黑影响了什么呢？其实就是本身太缺乏自信了。

有人说："我不自信，我想把人、事、物都做到极致，让大家都开心，让大家都感觉到美好，但我做不到。"老天都不完美，你却在追求完美，这怎么可能做到？用这个规则去看待万事万物，岂不是老天也应该不自信了？况且有些时候过于完美也不一定是好事。

什么叫完美？我认为的完美是不管风也好，雨也好，快乐也好，痛苦也好，都能够接纳，都能够积极面对。不是把所有事物都做到极致才叫完美。这个世界本来就没有极致，你认为自己是最牛的，其实还有比你更牛的人；你认为自己是最好的，其实还有比你更好的人。

人的自信源于内在发生变化，而不是外在发生变化。所以如果当下的你是美好的，未来的你也会是美好的。如果当下的你是紧张的、不美好的，未来的你也不会是美好的。容易产生自信的人，相信自己能解决所有问题，即便遇到不尽如人意的情况，也确信自己可以解决。

表扬、鼓励都是外在给的力量，确认是内在的力量。确认是你对自我的认知。如果你认为自己是多余的，那么你看什么都是多余的；你认为自己是贪婪的，那么你看什么都会觉得不够；你认为自己是嗔恨的，那么你看什么都会感到愤怒；你认为自己是傲慢的，那么你干什么都会觉得是不平衡的。

别被标签束缚

有的家长说："我的情绪容易失控，说话的语气完全控制不好。"控制不好自己的语气只是一种行为，不是真的控制不了情绪。如果你自己不相信自己能控制情绪，就算学了很多理念也没有用，这才是根本。

有时是遇到一件事，别人都能够做得挺好的，就你自己做不好。虽然你也很努力在学习，但就是做不到。比如孩子回到家，说："妈妈我也在学习，可我就是考不好，我看我就不是学习的料。"这是因为他不相信自己，给自己贴了标签。

> 我是家里的老大，父母在教育方面也没有那么多经验。我很小的时候，就被姥姥接到四川去了。我母亲很漂亮，但我皮肤特别黑，所以姥姥一直怀疑我是被抱错的。

她每次领着我出门,都让我说话的时候把嘴抿起来。我当时只是一个懵懂无知的小孩,就按照姥姥说的做了。别人一看我这样说话,也认为我有点奇怪。那时候,我根本不愿意跟人说话。这个阴影一直伴随着我成长,我变成了一个不爱说话的人,别人跟我说半天话,我只回答一个"嗯"。

我的眼睛特别小,眉毛又特别重。我戴眼镜不是因为近视,而是因为我看谁,谁都觉得我在瞪他。有一次我很温柔地看着对方,对方却哭了,还是觉得我在瞪他。别人说我的眼神很凶,所以我小时候经常挨打,最后导致我也不愿意看人了。

我这样一个人,小时候天天被人欺负,唯一的优点就是爱劳动。我不是给家里劳动,而是爱给学校劳动,比如架个炉子生个火,扫个地,跑到操场上捡个垃圾。

我看完电影《少林寺》,感到热血沸腾。觉得原来人可以变成这样,棍子还可以耍,跟头还可以这样翻。于是找各种各样的布料装沙子把它们绑在小腿和胳膊上,我还给自己做过沙子背心,带着在山野中狂跑。

那时候,我梦想着能去少林寺学武功,还约了一个朋友一起去少林寺,结果上了火车了,又被我爸逮了回去。那朋友坐上火车走了,不过15天后,他也被他爸给找了回来。

据那个朋友说,他从郑州火车站下车就没有钱了,是自己走到少林寺的。那时候跑去少林寺的孩子特别多,为了便于管理,他们被集中到了类似收容所里。在那里,大孩子欺负小孩子,他是属于被欺负的,回来以后他甚至有点抑郁了。

我虽然没有去成,但是我还在练。以前我爸让我早上出去锻炼身体,我是绝对不去的。现在早上不用我爸叫我,4点半我就起来站桩跑步了。

但因为打架,我初三时被学校开除了一次,高二下半学期又被学校开除了一次。

如果你的孩子也像我这样,我估计你都要愁死了。那时候我天天惹事,直到17岁时,有个表姐考上大学了,她来我家跟我过了一个假期。表姐性格很好,也很漂亮。

我表姐说:"戴东啊,我跟你接触这一个多月,我觉得你不像别人说的那样。你并没有那么顽皮,也没有那么无礼,你是一个非常讲道理的人。更重要的是,你觉得你的眼睛、鼻子、嘴单看起来都不好看,但是你的眼睛是福龙眼,你的眉毛是卧龙眉,特别是你的这张嘴,还挺性感的。"

自从表姐对我说了这些话后,我一个自卑、看不起自己、觉得自己毫无未来的人,开始每天照镜子。慢慢地,看着自己的眉毛还真的觉得与众不同了,我的眼睛小是小,但很有神,特别是这张嘴,现在看起来,真的还挺性感。

那时候,我们能看到的杂志有两种:一是《读者》,一是《演讲与口才》。当时我认为,人最需要锻炼的是自己的口才,口才是我的短板,于是我按照杂志上说的方法不断练习,慢慢开始愿意跟别人交流了。

后来我一个朋友的父亲去世了,他母亲带着两个孩子生活,非常可怜。当时,企业分房子要凭资历等各种条件,他们家住的是个危房,偏偏分房子又没分到他们家。他母亲一直哭，我的朋友也特别苦恼。我的正义感突然萌发了。就跟朋友和另一个孩子去了房产科。结果一进了房产科的门，我一转身，发现他们跑了。

我只能自己跟负责分房的叔叔聊，我说："这一家实在有困难，他父亲不在了，母亲要带两个孩子。"那位叔叔问我："你是干啥的？"我说："我是那家的朋友。"他说："他们家为啥自己不来？"我说："他们家太穷了，来不了。"我讲得很有理有据，结果他们还为此专门开了个会，没想到就这样把朋友家的房子问题给解决了。

这让我太激动了，我感觉我能做到别人做不到的事情。于是我开始对自己的容貌更加自信了，我甚至已经开始喜欢上这张脸了，觉得我这张脸真的是与众不同。

后来我进入了工厂，去了广州办经销处，最多的时候管理着将近7000人。我自己做生意，然后破产，走入人生低谷，之后又开始走培训这条路。我从2001年开始做培训，到了2006年，已经是"中国十大培训师"了。我入选的时候，记得上场说的第一句话是这样的："培训师有三种：第一种是一上台就看着很帅，越看越帅；第二种是一上台就看着很帅，越看越不帅；我是第三种，一上台就看着不帅，但是越看越帅。"

我承认我确实皮肤很黑，但黑和白是通过对比而来的。玫瑰花、百合花、菊花都很好看，各有各的美。没有必要非拿玫瑰和百合、菊花比，每种花的意义都不一样。花朵来到世界的目的并不是比谁更漂亮，而是比谁更能够绽放。

唐朝人以胖为美，现在人以瘦为美。清朝时，男人扎辫子叫帅气，现在再也没有人扎那么长的辫子了。漂亮和美的标准是在变化的，不同的人在不同时期都会有不同的标准。懂得这个道理，你会发现你的孩子在别人的眼中再丑，在你眼中依然是漂亮的。据说非洲有个部落，女孩能不能嫁出去，要看嘴唇厚不厚，他们认为嘴唇越厚的人越漂亮。

天下最漂亮的人是谁？一定是自己。你如果不喜欢自己，别人也很难喜欢你。自己不相信自己，别人也很难相信你。家长的能量如果在自卑、恐惧、担心上，对自己没有信心，没有任何认同基础，就很难让孩子变得美好。因为不自信的家长很难培养出自信的孩子。

如果你确认自己是个善良的人，愿意别人都好的人，别人有难了，你会愿意帮助，愿意付出。

你的成长过程中一定有人跟你说你哪里哪里不好，于是这个阴影一直陪伴着你。这便是你给自己贴上的标签。其实别人的感受都源于你自己贴的标签。

我感觉我皮肤很黑，于是内心给自己贴了标签；我感觉我很胖，于是内心给自己贴了标签；我感觉我不是一个快乐的人，也给自己贴了标签。但这些是真相吗？其实是你感觉你自己皮肤很黑，不够漂亮，别人才会觉得你皮肤很黑，不够漂亮。既然是贴的标签，能不能换个标签呢？请你先无条件地承认，你就是漂亮的。

一定要撕掉标签，不撕掉标签，你就会有分别心、有好恶，就会有取舍，就会有贪婪，就会有烦恼。你会拿着标签不断过滤每一个人，你的分别心会越来越重，执念会越来越重。你会把这种分别心和执念传递给孩子，你的孩子也会分别心越来越重，执念越来越重。孩子有了分别心，会看不上这个，看不起那个，如果学习成绩好一点就会很傲慢。

很多家长都说过这样的话："你看看那几个孩子，都不上学了。那几个孩子有问题，那几个孩子都抽烟，不要跟他们来往……"要知道，你的孩子早晚也要走入社会，在社会中也会有形形色色的人。我最害怕的是，这些家长把自己的孩子扣在一个安全的环境里，让孩子交往的人出身好、长相好、学习成绩好，让孩子自己吃得好，穿得好，各方面能力都好，给孩子营造了一个美好世界，其实这是在害孩子。家长应该让孩子明白，那些贫苦的、不够优秀的、有困难的人，正是他应该救渡的。看到那些不好的孩子，应该心生怜悯。孩子长大了应该去帮助生活贫苦的人，帮助患有疾病的人获得健康。

孩子想当医生，是因为他看到了有需要的病患，他想要救助病患；孩子想要从政，是因为他想要造福一方。就是因为世界存在这样那样的问题，才让我们的存在更有意义。因为有问题，更需要我们来解决问题，这才让我们的存在变得更有价值。当我们有慈悲救赎之心的时候，学到的东西会更有意义，拥有的财富会更有意义，我们的能力也更有意义。

我曾经做过一个"圆计划"，主要关注留守儿童。我带一些城市里的孩子到大山里住上20天，让他们知道，对于大山里的孩子来说，拥有一包方便面就会像过年一样开心。城市里孩子的零花钱如果攒下来是可以帮助留守儿童上学的。我想让城市里的孩子在睁开眼能看到星星的破瓦房里住上几天，这样，他们就知道睡在自己家的席梦思上是多么幸福。

我做家庭教育培训行业，也想要培养出来的孩子有利于众生的心，看到有苦难之人要能拥有一种"我必须强大，要救赎他们"的心。

家长的每句话对孩子来说都有极重的意义

12年前我在武汉做"青少年启智训练营",开营前4个小时,武汉某区的教育局局长带着一对父母和孩子来找我说:"这个女孩从五年级开始就不上学了,正常情况她现在应该上初二了。父母找了各种各样的心理医生都没办法解决问题,能不能送到训练营里试试?"我说:"我这个'青少年启智训练营',有三种孩子暂时不要来。第一种是不上学的孩子,第二种是有心理疾病的孩子,第三种是父母不学习的孩子,她哪个条件都达不到啊。"

后来我跟他说:"你看这样好不好,孩子先送到这里待两天,如果我能帮到她,就继续帮下去。如果我实在帮不到她,就请你们两天后把孩子接走。千万别到我让你们把孩子接走的时候,你们感觉没面子,可以吗?"对方说:"可以。"

孩子来的第一天,一直不抬头,不看人,对别人的话也不回应。我派了一个比较年轻的助教全程陪着她。别的孩子分组,她不进组,甚至她都不愿意进会场,我们想办法把她带到会场来了。第一天我讲了一天的课,孩子们一起哭,一起笑,一起分享,这个孩子头都不抬一下,跟我始终没有目光交流。

第二天中午,我把她的父母叫来,跟他们聊:"你们给我回忆一下孩子的成长路径。"他们说:"我们这么多年也一直思考,这孩子咋就变成这个样子了,我们也不知道到底为什么。"我说:"你们认真想想,把细节想清楚,一点点跟我说。"我很有耐心陪着他们,结果她母亲慢慢说到了一个细节。

孩子上幼儿园的时候,有一年清明节,幼儿园带着孩子们去扫墓。当天孩子穿了一件白色的连衣裙,母亲觉得这么穿不太好,想让孩子改穿裤子,就说:"你看你,穿裙子也不好看,腿那么粗,还是去穿裤子。"

这是非常无心的一句话。孩子当时也换了裤子去扫墓了。后来孩子上小学了,也没有什么特别的问题,就是比较抗拒穿裙子。从三年级开始,她每天早晨起来不吃早饭,课间所有活动都不出教室。不出教室的根本原因是不想让别人看到她的腿。到四年级以后,每天早上她会早半个小时去学校,放学后所有同学都走了她才回家。因为她不想别人看到她的腿,她觉得自己腿太粗了。到了五年级,她开始不上学了,一直待在家里。

我明白了原因之后,让助教准备第二天晚上做一个活动。把所有人眼睛蒙住,然后让大家跳舞。助教把这个孩子扶到了场地中间，然后把所有人的眼罩都摘掉了。所有人坐在两边，灯光调得特别暗，音乐响起，我开始引导她说："我们现在走在一望无际美丽的草原上，蓝蓝的天空，美丽的格桑花开着，很多蝴蝶就在你身边不停地萦绕，自由地飞翔。你闻到了青草的香味，感受到了阳光照在你脸上，你整个身体变得非常温暖。现在你从头顶放松，从额头放松，从眼睛放松，全身放松。你现在穿着美丽的白色连衣裙，在鲜花中舞动起来。"

过了整整10分钟，孩子开始浑身发抖。15分钟后，孩子开始来回踱步，差不多到20分钟，孩子疯狂地跳了起来。所有人都屏住呼吸，没有人打断她。差不多过了半个小时，孩子哇的一声哭了出来，趴在地上不停地哭，整个身体都在颤抖。等她哭得差不多放松下来的时候，助教把她的眼罩摘掉，拥抱她说："你刚才跳得太好了。"接着，其他助教也去拥抱她，说："你刚才跳得太漂亮了，你的身材真好。"然后学员们上去拥抱她说："你刚才跳得真好。"

这时，我们打开了旁边的门，把她带进去，那里有给她定制的一件白色连衣裙，我们让她穿上，她再次走进舞台中央，所有人都对她报以热烈的掌声。大家都说："你穿连衣裙太漂亮了。"然后助教从旁边推出一面大镜子，让她看着自己穿着白色连衣裙的样子。孩子笑了。

现在你明白什么叫"一言可以兴邦，一言可以丧国"了吧？家长无心的一句话，可能会在某种程度上影响孩子的一生。这个案例中，母亲就说了孩子一句她的腿粗，孩子就把这句话带进了生活，带进她的世界。

你想过吗？在孩子成长的过程中，你对孩子的一句负面确认，如"你就不是学习的料"就有可能让孩子从此再也不愿意触碰学习。如果你告诉孩子："孩子，我觉得你未来一定会有出息。你无论变成什么样子，爸爸妈妈都爱你。"孩子的生命就有可能会充满动力。

亲爱的家长，你是孩子的神，你说的每一句话对孩子来说都是咒语。孩子无论多么不好，无论变成什么样，请你保证对他说的每一句话都是善意的，都是有力量的，都是让对方更强大的。有时候，你说完一句话，可能觉得没有什么，其实已经在孩子心中种下了种子。

家长给孩子确认什么，孩子就走什么样的路

◎ 一个人内心是否强大，取决于不断的确认

当你确认你的孩子就是最好的、最棒的，是天赋潜能的，是独一无二的之时，你的孩子就会朝着这样的方向走。如果你告诉孩子，你就是不行，你怎么这么笨，你就是不如别人，你将来会没有出息，没有未来，那孩子也就只能照你说的那样走了。

如果你确认婚姻是幸福的，"不管什么样的风雨，我都在你身边为你挡风遮雨"，那么婚姻关系就是牢固的。如果夫妻双方总是在比较谁挣的钱多，谁挣的钱少，谁有问题，谁有错误，那么婚姻自然不会幸福。

自我确认就是自己对自己的确认。外在的确认，是家长及外界对你的确认。你到底要给自己贴一个什么样的标签？关键在自己。

第四大智慧：积极确认孩子

比如我认为，有缘拿起这本书的读者就是聪明人，就是英雄。你来到这个世界，走到现在这一步是要让更多人因为你的存在而变得幸福、快乐和强大，这就是你的标签。如果你敢给自己贴上这样的标签，你就能有好的发展。

你可以给自己贴一个"我这辈子就这样了，我生了娃，有了家，我会看着我的娃慢慢长大，然后慢慢老去"的标签，也可以给自己贴一个"我来到这个世界，就要帮助更多人找到快乐和幸福，挽救无数家庭，让他们不再沉沦，让他们变得幸福"的标签。生命标签就是我们的方向，是我们的指南针，是我们的北极星。

其实人与人之间只是彼此给对方贴的标签不同而已。

一个人漂亮与否，跟这个人长成什么样没多大关系。一个人对自己是否欣赏，关键在于给自己贴了什么标签。现在有很多孩子为了变漂亮要割双眼皮，要抽脂，其实如果她们能够认可自己，这些做法也完全没有必要。

> 我的课堂上有个男孩，在上课期间，整整三天他一直都戴着口罩。我找到他妈妈问他为什么戴着口罩，才知道因为在上学的时候，老师说他嘴长得不好看。就这一句话，让他戴了一年多口罩。当时我不知道该怎么办，一直到第三天，我们在做一场互动活动的过程中，我拉住他，把他的口罩扔向了远方，让他再也找不到口罩了。当时，男孩号啕大哭，我抱着他说："我就想看看你的嘴，你的嘴怎么了？这么漂亮的一张嘴，为什么你会觉得不好看？别人

> 看着不好看,你难道也认为不好看吗?"他说:"我也认为不好看。"我说:"那你将来上班怎么办?结婚怎么办?要一直戴着口罩吗?"他哭得声音更大了。我接着说:"谁都可以不喜欢你,但是你必须喜欢自己。"

孩子有太多时候因为一句暗示而影响终身。如果小时候父母没有锻炼他强大的内心,将来他走入社会,会不停接受别人的暗示,别人说他不行,他自己也认为不行,于是他就开始自卑了,胆怯了,狭隘了。

我组织学员去沙漠徒步108公里的目的是让孩子的内心变得强大一点。要利他助人,让每个人变得更有价值,更有责任感,将来走入社会,才不会被风吹雨打搞得支零破碎。

◉ 孩子的学习成绩取决于他对学习的确认

一个孩子的学习成绩好与不好,最重要的不在于学习能力,以及补了多少课,而在于他对学习的确认。有的孩子不喜欢语文、数学、英语,也有的孩子不喜欢物理、化学、政治、地理、历史,还有些孩子不喜欢老师。因而每个孩子的成绩也不一样。其实很多类似问题都出在确认上。

第四大智慧：积极确认孩子

　　我女儿小学四年级的时候是数学课代表，负责收数学作业交给老师。有一次，她在收作业的时候，看到最上面一本作业正好是跟她关系特别好的朋友的，她随意翻了一下朋友的作业，看到了一道错题，她害怕这道错题被老师发现，就到水房里把这道错题改过来了。

　　老师批改作业的时候，发现这道题的字迹不一样，墨水的颜色也不一样。就把那个孩子叫去问："这道题是谁改的？"那个孩子感到很纳闷，回答说："老师，不是我改的。"老师说："不是你改的，是你让谁改的？"那个孩子委屈地哭了，说："我没让谁改，我也不知道谁改的。"我女儿很诚实地说："老师，是我改的。"老师一听很生气，觉得我女儿这是哗众取宠，故意要帮别人写作业，于是把她的数学课代表给撤了。

　　因为这件事，我女儿从此不喜欢数学，也不喜欢这位老师了。之后，她的数学成绩一落千丈，期末考试排到了班级的倒数几名，她甚至一遇到数学课就不听不学了。老师给我打电话，让我问问我女儿到底发生了什么事。我问她："你遇到了什么事？爸爸妈妈能给你什么力量？"她马上就哭了，把过程原原本本跟我们说了。她说她现在特别讨厌数学，听到数学头就疼，老师布置的作业也不愿意做，考完试的卷子也扔到学校里，不想拿回来给我们看。

　　很明显，我女儿受到了情绪的干扰。影响孩子学业的主要因素就是情绪的干扰。对于学生来说，情绪干扰一般在两个地方发生：一个是学校，一个是家里。

我说:"数学是你的什么?"她说:"我恨死它了,数学是我的敌人。"我说:"我们平时玩的'杀人游戏',你还记得吗?玩那个游戏时,你是不是经常过关?"她说:"很多时候我会过关,我过关以后就很高兴。"我说:"太棒了,那有没有敌人干掉你的时候?"她回答说:"当然有啦!"我接着问:"敌人干掉你,你会怎么办?"她不假思索地说:"再来一次呗。"我说:"太棒了。其实这个世界上,一切东西都是确认来的。数学是不是你的敌人,数学是不是让你没面子?是不是让你其余科目成绩也被拖下来了?"她说:"是。"我说:"现在我们把数学当游戏玩好不好?从今天开始,你做对一道题,就相当于过了一关。过关了就要高兴,你可以给自己鼓励一下,喊一声'耶'!如果有一道题没做对,就说明你这一局失败了,你可以再来一次。

"比如很多男孩都喜欢打篮球,投进一个球就会感觉很快乐。但没投进球怎么办?也不过就是再来一次嘛。人生何处不困难?只不过是在面对你感兴趣的事情的时候,发现困难就说再来一次,得到快乐就欢呼。"

其实人所有的兴趣不就是这么出来的吗?

我给女儿把这个原理讲清楚了,她问:"这真的能行吗?"我说:"咱们试试。"我也不说一定能行,让她试试就知道了。她说:"可以。"我说:"那咱们就试21天,21天后你要是觉得这种办法没用,咱们就不用了;21天后如果你觉得这种办法有用,咱们就继续用。"

于是,我女儿每做对一道题都开始跟自己确认快乐,每做错一道题都跟自己说再来一次。她有了动力,又连接

> 了快乐。
>
> 　　对某件事的兴趣都是因为连接到了快乐，为了找到快乐，便有了持续去做的动力。我用这一招又教会了孩子背英语单词，让她有战胜英语单词的感觉。单词没背会就再来一次，慢慢地她能连接到快乐，产生习惯，她有了持续的动力，就会喜欢上这个科目了。
>
> 　　就这样，她仅仅用了不到一个月时间，把成绩又赶上去了。

　　后来我女儿小学和初中的数学考试总是满分。可能很多人会羡慕我，但是我想说，这些成绩的背后，是家长在用心去考虑孩子的困难，帮孩子解决问题。家长要让孩子产生快乐的联结，让孩子成为强大的人，而不是给孩子制造困难，指责孩子，批判孩子。孩子有困难的时候，家长不能说"你怎么这么笨"，而应该帮他解决问题，帮他找自信。孩子在成长的路上遇到了困难，家长不应该告诉他要"加油、起来"，这是没有用的，可以说："来，我陪你走一段。"

　　每次考试，对孩子来说都相当于上一次战场。家长要教会孩子一定要战胜敌人，宁愿战死沙场，也不能被吓死在沙场上。有太多孩子内心对考试感到恐惧，他们害怕考不好。结果，越是害怕，进了考场以后，他们就越难以发挥出真实水平。如果孩子拥有必胜的信心，他考出来的成绩多半会比平时成绩更好。

　　开家长会的时候，有些家长发现孩子的名次排到后面，心情会很沉重。家长要记住，孩子考不好不见得就不是好事。因为考试的目的无外乎是要知道孩子在近阶段有哪些基础知识掌握得不牢，问题找到了，就好解决了。家长明白了这个道理，再把这个道理讲给孩子听，这样，孩子就不会害怕出错，孩子不害怕出错，反而能正常发挥了。孩子的考前压力几乎都来自家长平时对他每一次成绩不好后错误的评判确认。

有的家长会说："我的孩子每次考得不好，我还说太棒了，那我是不是有病？别的爸爸遇到孩子考得不好天天骂孩子，我们家孩子考得不好还天天表扬？"这就是区别，孩子考得不好已经很难受了，家长再骂他一顿，他岂不是更难受？

家长的重要性，就在于你说出的每一句积极的话都能让孩子觉得他是强大的。 考不好又怎么了？考试就相当于到医院检查身体，即便检查出了问题，还可以早发现早治疗。发现问题及时治疗，这样才不会把小问题拖成大问题，所以不用对孩子的考试成绩过分关注。

撕掉负面确认的标签

孩子来到你身边,让你的生命发生了质的变化,让你变成了更有价值的人,让你变成了更能成长的人,让你开始积累"资粮",开始修福德,开始助人,开始利他。

你想想自己做生意这么多年,有没有因为想获得更多利益而给别人造成损失?你再想想,你攒了这么多年的钱,是赔的钱多,还是布施出去的钱多?你的德够不够?

多帮人利他,自己也会更有价值。一个人的自我价值是什么?是因为你活着而让更多人变得快乐和强大。多少危难之中的人都是因为你而变得更好了,这才最能体现你存在的价值。

为什么军人是世界上最值得尊敬的人?因为他们的付出让别人得到和平和安宁;为什么老师是最可爱的人?因为他们燃烧自己,照亮了别人。怎样让自己的人生变得更有意义?不在于你是什么,你有什么，而要看你有没有给自己贴那个标签。

家长也可以思考一下，人生的下半场中，你要给自己贴什么样的标签？

有位家长在培训课间分享中一直在不断地确认自己，他说："我觉得我这一个月特别没有力量，我感觉自己都爬不起来了，我觉得我……"

这种负面的确认让很多人都已经有了"习性反应"了。长久以来，人们的潜意识里深藏着诸多习惯，习惯是逐渐形成的。

是某一段时间让你感觉无力，还是因为你的想法让自己感觉到无力？改变你的想法，是不是就会好做了呢？但往往是好做的没有好事，好事都不好做。你想做一件好事、一件大事，让自己一生更有成就，让家族真正受此福德，这样的事一定都不好做。

同样道理，孩子在学习的时候，有时候也会感觉无力，只是在装样子，坐在那里其实什么也没学。如果他是暂时对学习没兴趣，完全可以告诉他不要再学习了。这种情况下再让他学习，他也只是做给家长看的。假装学习给家长看的这个习惯持续时间久了会变成他以后对待生活、学习的态度。

今天把种子撒在地上，它没有出苗，没有开花，没有结果，会让我们感觉很无力，但难道因为这样我们以后就不种地了吗？农民种地的时候，今年土地没收成，他会从此以后再也不种地了吗？显然不会的。

发生这种情况，我们要反思，首先得确认，种的季节对不对？其次要了解，土壤适不适合种子生长？即便没有种出苗，我们也会去研究种的方法，对这块地来说是不是合适？一次失败了可以再继续种，还可以找有经验的人去学种地的方法。只要不是持续失败，有所改进，总有一天会成功的。

力量来源于内在，内圣才能外王。你因为外在因素而感觉无力，那你就是外在的奴隶；如果你内在强大了，外在也可以慢慢变得强大，这就是"内圣外王"。你要静待花开，种子今天种下，并不会明天立刻就长出来。种子种下之后，需要慢慢孕育，经过一段时间才能慢慢长出来，开花结果。

即便现在你确实遇到了困境，一切都很不顺利，也不要马上给自己贴上失败的标签。

> 2011年的一天，我把公司全国各地的主管叫到办公室。我说："你们自己商量一下公司是不是还继续干？反正我是不干了，解散。"说完我转身就走了。他们自己开了一早上会，不停给我打电话说想法说所有人都要接着做。我说："如果你们要继续干，那就先自己定制度。干就好好干，不干就解散。"
>
> 那年我父亲三次病危，做了两次脑支架手术。我计划举办约翰·库提斯千人大会，这件事需要兰州市17个部委盖章，从团委、市委到妇联、学校，兰州市有100多所学校帮我组织，光宣传单就印了14万份。当时兰州市的楼宇广告几乎被我承包了，活动是公益性质的，所有投入都由我来出。

结果后来考虑到学生的安全问题，按照规定，这类活动不能在学校举行了。接着我又得知，牵线约翰·库提斯的人并没有通知约翰·库提斯本人，他为了骗钱给我的是假合同。就这样，70多万元被他骗走了。损失就损失了吧，我又通过其他关系找到了约翰·库提斯，约翰·库提斯也同意来中国了，这时，原定负责翻译的人又不来做翻译了。

当时，公司里几个我培养出来的讲师已经自己单干了，我还蒙在鼓里。直到某天接到一位校长的电话，告诉我××被拘留了。我说："我没有叫他去讲课，他什么时候去的？"他说："他们说是你派来的。"这时，我才知道这几个讲师私下出去讲课乱收费被家长举报了。他们坚持不退费，最后被当地派出所拘留了。

我告诉财务说："如果因为这件事情损害了公司的名誉，家长要求退费，我们先替他们退。"好在最后他们把钱退给了家长。

紧接着，我的车窗半个月内被人砸了三次。所有问题都集中在短短50多天内爆发。我当时真的是内忧外患。想着做公益都做得这么难，我还能怎么办？

但是现在我再看这些问题，会觉得，做好任何一件事都必然会遇到很多考验。现在我们公司发展良好，早已经渡过了难关，每个周末会在全国各地举办各种各样的公益授课活动，每年有1000场以上。无论是在乡村，还是在社区、牧区，我们公司的爱心大使、公益讲师、亲子导师都在播撒爱的种子。

其实所有困难都只是成长中的模拟考试，就看你能不能考及格，考过了就再上一个台阶。一次一次考过之后，你也就愿意继续考下去了。

家长自己能做到这样，也能把孩子教育成这样。家长自己都觉得无力，自然也会把这种状态传递给孩子。

很多家长是因为自己的内在不够强大，导致孩子敢跟家长对着干，让家长感觉越来越无力。大多数家长的三部曲是：刚一开始对孩子"什么都敢说"，然后是"什么都不敢说"，最后变成了"只能听孩子说"。电脑如果没有好的杀毒软件，病毒就会来侵袭；身体如果不够强大，免疫力就会变差，遇到病毒就会感冒；家长如果本身不够强大，就会失去与孩子的联结。

家长先确认自己

确认的目的是什么？就是为了随时随地找到美好的感觉，随时随地找到强大的感觉，随时随地找到做大事的感觉，随时随地找到经营生命的感觉。

我们经营家庭，经营社会，经营企业，最终都是要经营感觉，经营感觉就是经营生命。而感觉是由你自己找出来的。

有些人遇到不好的事会绝地反击，成为英雄；有些人遇到不好的事就一蹶不振了。有些人遇到"熊孩子"，就成为教育家了。比如做赏识教育传播的周弘老师就是遇到了"熊孩子"，让他成为教育专家的。但也有些人遇到"熊孩子"把家拆了，就怪老公、怪老婆，最后家庭破裂，不但孩子没教育好，家也散了。

有些人破产之后会东山再起。我遇到过一个人，之前挺有钱的，现在穷困潦倒。因为当初他感觉自己特别有钱，不愿意跟穷朋友一起玩，看不起这个，看不起那个，后来他因为金融风暴负债累累。

还有一个人是我的学员，某段时间他赔了1000多万元，一天到晚给我发信息问："戴老师，我能不能和你单聊一下？你给我出出招，你帮了那么多人，也帮帮我。"我说："等等吧，我最近太忙了。"结果某天他跑过来跟我说："戴老师，我的问题解决了。"我问："你咋解决的？"他说："坐在我旁边那个人，我和他聊天，知道他欠债两个多亿，跟他比起来，我这算啥？"

你有钱没钱，过得快不快乐，幸不幸福，不在于世界，而在于你有没有经营感觉。有了好感觉，就有好状态。有了好状态，自然就更有动力。

你要清楚自己想做个什么样的人。你想做个圣贤，就别让自己猥猥琐琐的；你要想当英雄，就要金戈铁马，也注定会伤痕累累，有跌宕起伏；你要想当菩萨，就要知道会有苦受，不受自己的苦，也会经受众生的苦。

经营感觉就像经营生命一样，确认的过程就是唤醒自我、重建生命的过程。随时随地死亡，随时随地重生，随时随地涅槃，随时随地让梦想提醒自己的渺小。生命不能重来，但生命可以重建。

以前你是跟着习性流转，现在你要成为自己的导演。过去的跌宕起伏已经播完了，新的一集需要你去导演。你要不断正面确认自己，确认自己是伟大的家长。

不要一开始就说自己这也不行那也不行，不要拿过去的错误惩罚现在，也不要拿别人的错误惩罚自己，别人的错误那是别人的事。

你摔了一跤，但是没摔坏，真是有福气；你丢了100元钱，突然又找到了，真是有福气；夫妻吵架，又和好了，还是福气；孩子现在有各种各样的问题，未来会变好的，也是福气；人生病了，治疗过后好了，也是福气；你失业了，这可能也是第二次腾飞的机会，接着又找到工作，还是福气。如果每个人都能这样想，那哪里还有悲哀，还有不幸？如果能够这样想，你会发现，自己永远生活在正常和福气里。

我们幸福地吃饭，应该把这种美好的感觉播撒给别人，回馈给别人。因为这顿饭中没有一粒米是你种的，没有一棵菜是你自己摘的。这些都是别人的劳动成果。我们也要把自己学到的知识回馈给别人。

为了经营感觉，我们要把生活过得有点仪式感。睡觉前，照照镜子，看看自己说："我太帅了。"然后面带微笑去睡觉，睡梦中你都是微笑的。最可怕的是晚上睡觉时带着哀愁，早上起床后不知所云，总感觉世界怎么这么黑暗。

我觉得，爱和确认是一个承上启下的关系。确认其实更多的是方法论。

对于确认，我有一个成功宣言：

如果我的心中想到失败，那么我就失败了。

如果我没有必胜的决心，那么我就不会有任何成就。

纵使我想要获得胜利，只要心中浮现"失败"的字眼，胜利就不会向我微笑。

成功起源于人类的意志力，一切皆由人类的精神状态决定。如果你想要不断提升自己，就要有"我一定能做得到"的信念。成绩的取得并不是一蹴而就的事，能够做到的都是坚信"我一定能做得到"的人。

你不断暗示自己"我能行，我一定能行，我肯定能行"，会发现你真的能行了。但你暗示自己"我好无力，我好难，我好痛苦，我好悲伤，我的命运好难"，那可能就一定做不到了。

这本书的内容不仅可以用于教育，也可以用于自身修养，以及夫妻关系和企业管理。我觉得这本书可以反复看，反复读。我的目的很简单，就是想要把这十几年对家庭教育、成人教育一些有用的东西打造成系统性知识体系，影响更多人，帮助更多人，让更多人能够了解正确的家庭教育方式，我觉得我有这样的义务。

助人不需要专业，不需要专注，只需要有心，时刻有这颗心最重要。

第五大智慧：准确理解孩子

孩子说的事情都是真的吗？不一定。可能有时候只是他的一个想法，或者是他恐惧背后的善意谎言。

对孩子产生误解是常态

◎ 家长总是误解孩子的意思

我们不能强迫别人跟自己的感受和想法一样。但我可以向你证明,我喜欢的东西为何是好的。虽然别人并不见得和我的想法一样,也认为这个东西是好的。

人与人之间的相互理解其实是特例,而误解是常态。理解都是建立在误解基础上的,没有误解就没有理解,这是一个事物的两面,就像没有白天就没有黑夜一样。

我们听到的事情往往不一定是真的。我跟你说某人在说你的坏话,说你有贪污行为,你会有什么反应?你如果不承认,就得做出解释,但越解释就越像掩饰,于是你的痛苦就来了。他说的就一定是真的吗?有可能只是他的想法,或者完全是他的猜测,或者是他的道听途说。"我听谁谁谁说的""我的感觉是这样的",甚至有人说"我的直觉是最准的",但其实直觉是最不准的,除非你修炼到了一定境界,大多数人所谓的直觉,不过是凭空臆想,而主观臆断的事情往往与事实并不相符。

孩子说的事情都是真的吗?不一定。可能有时候只是他的一个想法,或者是他恐惧背后的善意谎言。这种事我听过特别多次,孩子跟我说的事情,我往往笑一笑就过去了,不会去探讨这件事是不是真的。

对孩子的话要给予重视,但也不要过于重视,无论他说什么家长都当真,那家长会很累,也不见得对亲子关系的促进有帮助。

孩子就像一本书,每一页都是不一样的样式。有时候早上他的情绪还好,中午就不高兴了。你不去搭理他,过了两分钟他情绪又好了。如果你非要很认真地认为孩子的情绪有问题,那就是自找麻烦了。

有位妈妈给我发了很多信息,说自己的孩子情绪有问题,我刚开始一直没理她。没过几天,她又给我发信息说:"老师,我的孩子的情绪好了。"

家长总是想给孩子讲明白一些道理,但是家长的出发点、动机和孩子完全不一样,对这些道理的感受也完全不一样。孩子的动机是什么?家长必须先搞清楚。孩子说这里太无聊了,实际上可能只是因为他的手机被没收了,他想玩手机。所以家长们要明白,在对孩子的教育上,你越认真,孩子可能会越恐惧。越是这样,你跟孩子的想法差距就越大。

第五大智慧：准确理解孩子

> 我曾经把一个孩子的问题处理好了。孩子父亲非要请我到他们家吃饭，吃完饭又带我到鱼塘钓鱼。我见他一边钓鱼一边喝酒，就想给他证明一下酒喝多了对人有害。正好他是用蚯蚓钓鱼，我就把蚯蚓装到一个透明杯子里，倒了点酒。蚯蚓是红颜色的，倒入酒之后瞬间变白了，僵了。我说："您看这说明了什么？"他若有所思地看了半天，跟我说："戴老师，这说明人喝了酒肚子里不长虫子。"
>
> 他说的对不对？我想了想，他说的也没错，但我的目的是想证明人不能喝太多酒，而他理解的是人喝酒肚子里不长虫子。之所以对同一件事产生了不同的理解，是因为我们的立场不同。
>
> 比如孩子想玩游戏，你不想让他玩游戏，你们之间就产生了矛盾。这时候，你要站到孩子想玩游戏的立场去劝阻他，这样他更容易理解。

世界上没有无缘无故的理解。你遇到一个人，如果觉得你们特别投缘，聊得特别开心，那也是因为你们有共同的阅历，或者有共同的价值观、共同的背景。

如果你的孩子找对象，你千万不要光看对方的家里是否有钱，对方父母学历怎么样，不要用你的标准来衡量，那样孩子是很难幸福的。因为你跟孩子的价值观不一样，阅历不一样，你们对幸福的标准也不一样。

家长一定要记住，虽然你的孩子看上去已经长大了，甚至比你都高，力气比你都大了，但他依然是孩子。你走的路比他多，你比他多了几十年的人生阅历。不要以为，你说的话他就一定能听懂，很多时候他根本没有听懂你的话，他对于你的话的理解跟你自己想表达的意思是有偏差的。

> 有位父亲听完我的课后，觉得孩子一定要吃点苦。因为他的孩子生活条件一直比较优越。这天，他开了4.5小时车把孩子带到了山区，找到一户农家，跟农民说："你给我做几个苞谷面的窝窝头。"
>
> 窝窝头端上来的时候，孩子已经饿了几个小时了。孩子从来没见过这种东西，刚要拿过来吃。父亲说："我跟你说，想当年咱们家没钱，你爷爷带着我和你二叔顿顿吃的都是苞谷面的窝窝头。"孩子三口两口吃掉了一个，又抓起第二个的时候，父亲又说："想想你们现在的生活多么富足，你们要爱惜现在的生活，你们要……"突然，孩子一拍桌子站起来，说："这么好吃的东西，我从来没吃过，你们从小天天吃，还说你们日子过得不好？！"

每个时代的人生活的背景不一样。20世纪80年代以前出生的人，小时候有什么玩具？男孩子到处捡烟盒互相拍，弄个铁环每天滚着玩。女孩子扔沙包，跳皮筋。那时候我妈每天给我5分钱零花钱，我去公园玩，5分钱也花不完。我背着一个军用水壶，花1分钱可以买一壶带点颜色的甜水。1分钱可以买几个大豆，每走50步吃一个。就这样，回到家再把剩下的几分钱给我妈还回去。那时候的小孩口袋里有1毛钱，就觉得自己是世界上最富有的人。

现在你给孩子 100 元钱，可能他转手就花完了。好多家长给我发来孩子的账单，充游戏币能花上千元钱，孩子对钱一点概念都没有。很多家长也是当着孩子的面随意花钱。可见现在的孩子跟当年的孩子对待金钱的看法已经完全不一样了。我如果用我小时候的做法去要求现在的孩子，那肯定是不行的。

◎ 家长和孩子经历不同，价值观也不同

你的孩子没有跟你相同的经历，你跟他讲道理是没有意义的。你们没有相同的价值观，没有相同的生活经历，没有相同的人生阅历，孩子怎么能真正理解你？你问他是不是听懂了你的话，他认为的听懂，也并不是真的听懂了。如果孩子的价值观跟你的价值观不同，你们会有各种各样的相互不理解。

> 一位妈妈的女儿十八九岁了。为了教育孩子，她带着孩子去看革命样板戏《白毛女》。妈妈边看边哭，女儿感到无法理解，对妈妈说："别哭了，丢不丢人，这有啥好哭的？"
>
> 妈妈听孩子这样说，觉得孩子怎么变成这样了，就把孩子拉出演出厅说："孩子，你怎么变成这样了？你姥爷就是在万恶的旧社会被饿死的。地主逼得喜儿躲在山洞里，她头发都白了，我在哭，你还捣乱，我看你这个人是有问题了。"女儿不高兴了，说："我就不理解，这么荒诞

> 的一出戏，我不知道你在哭什么？"
> 　　妈妈很诧异，问："这怎么是荒诞的戏？"女儿说："我问你，杨白劳是不是欠了黄世仁的钱？""是，但那是高利贷。""虽然是高利贷，但当时是不是他们自己认同的？欠债还钱正不正常？杨白劳不还黄世仁的钱，还骂人家，哪有这样的道理？"

这个孩子的话也有她自己的逻辑。在不同的时代，人们的价值观不一样。关键是，现在应该是让家长俯下身理解孩子，还是让孩子来理解家长呢？

我觉得，家长没有必要去理解孩子，但也没有必要非让孩子理解家长。教育是因时而异、因需而异、因社会发展而异的事。100年前的价值观跟50年前的价值观、20年前的价值观、10年前的价值观、现在的价值观都是不一样的。但是爱、表扬、鼓励、确认，这些是永恒存在的，只是不同时期的人的侧重点发生了变化。

每天争论对错，是一件特别无聊的事情。每个人都想表达自己的观点，这并没有错。只是人们都想让接收者理解。有很多人出现问题往往就是因为别人的一句话。有时候你明明知道对方说的是对的，但你因为某种原因对对方心生厌恶反感，所以会坚持不认同。这样，你的好恶之心、分别之心就产生了。

如果你的孩子对你产生了误解，那我要恭喜你了，你们如果能够因此而调整好彼此，接纳了对方，就能够真正共同成长，彼此会有更

第五大智慧：准确理解孩子

深刻的理解。

有的家长回到家里看孩子怎么做都觉得不对，然后给我打电话说："戴老师，我的孩子现在每天跟疯了一样，天天学习，这到底怎么了？"我说："那你说这是好呢，还是不好呢？"家长说："好是好，但我担心他坚持不下去。"每次遇到这样的家长，我真的很无语，我还能怎么解释？孩子不爱学习，他们担心得不行，孩子每天学习，他们也担心，总是拿自己的理解来揣测孩子。

每次举办的"青少年启智训练营"都让我的体力消耗很大，因为要在三天内解决孩子们个性的问题。

对学习意愿不强的人，我要把他的学习意愿问题解决了；对学习根本没有任何兴趣的人，我要把他的学习兴趣问题解决了；对没有学习动力的人，我要解决他学习动力的问题；家长和孩子的亲子关系出了问题，我要解决他们的亲子关系问题；对于开始叛逆的孩子，我要帮助他度过这个阶段，让他不要变得更可怕，更不可控。

我遇到过一个孩子的生活是日夜颠倒的，晚上通宵打游戏，而且他打得很好。几年下来，他晚上都别人打装备，一个月能挣1万多元钱，但是他对生活没有任何想法了。这样的孩子，我能怎么办？

我的作用就是让孩子知道外面的世界是什么样的。他这几年都不知道外面的世界什么样了，跟妈妈的关系也很僵。孩子到了叛逆期，妈妈到了更年期，家里乱成了一锅粥。

> 现在他已经放下了,他说:"戴老师,我准备去上学了。"但我知道,他要能正常生活,至少还需要两三年时间调整适应。

我之所以会让学员复训,也是因为他们第一次上课的理解和第二次上课的理解是不同的,第二次上课的理解跟第三次上课的理解也是不同的,甚至有时候上了第十次课才算真的理解了。

● 家长不要以己度人

有一位妈妈跟我说:"戴老师,我参加了好多次你的课程,又看了好多遍你的授课视频,这次来听的感觉跟以前都不一样,我现在的理解和10年前的理解相比深入了很多。"我跟她说:"你当下产生的理解才是真正的开悟,而不是你把理论背熟了就叫开悟。"

就像你去健身房,绝不会去一次身体就强壮了。必须分几个阶段,可能先是练上肢,上肢运动完了,你可以做腹部运动。腹部运动完了,可能开始塑形运动。每个阶段重点都不一样,所以才有学无止境之说。千万不要认为自己学了一次两次就完全学会了,也不要认为孩子的情况现在好了,你以后就完全不用再学习了。

生命不息,折腾不止。如果你不折腾,舒舒服服在家里养尊处优生活5年,会发现身边突然发生了诸多变化,一夜之间你就跟不上时代了,现在变化太快了。

很多家长都嫌弃儿女不如自己,却忘了自己也曾经年轻过,也曾经叛逆过。我们现在看到孩子,总觉得他有这个问题、那个问题,于是就焦虑、恐惧了,但是我们的焦虑、恐惧会抑制孩子的天性,疏远亲子关系,除此之外没有任何意义。所以,为什么不能去理解孩子呢?

理解孩子，孩子才能理解你

◎ 理解孩子，不要过分担忧

我的女儿很理解我，会特别懂事地告诉我她有什么问题。

> 有一次我的女儿跟我说："爸爸，那么多人追求我，我应该怎么办？"那时候她才高一。我说："有人喜欢你，说明你优秀。你喜欢别人，说明你情窦初开了。你可以放心大胆地选择喜欢的人，但是前提是别让我知道。"她瞪着我："啥意思？"我说："我绝对不会伤害我女儿，但是让我知道了他如果伤害你，你一定要告诉我。"我女儿之后跟我坦白，她跟两个人交往过，但是是保持距离的，没有怎么样，最后都分手了。

孩子上了高中以后，男孩开始喜欢女孩，这是非常自然的现象。你明白、接受、理解了这件事情，就没有恐惧，没有焦虑，也就不用控制了。你越不控制，孩子越愿意跟你表达，你的防控能力反而越强。但是很多家长遇到这样的情况就感觉天都要塌下来了，天天困扰于孩子早恋了该怎么办。

谁应该理解谁呢？家长指望孩子明白你的经历，理解你？那是多难的事。孩子如果在这个年龄段就特别善解人意，特别理解父母，那么孩子也就没有创造力了，他会把所有的关注点都放在外在，没有精力来关注自己的内在了。他的人格、人性、自我可能都无法体现了。

0岁到7岁是孩子的智力开发阶段，家长不要一天到晚想尽办法让孩子去学英语、数学等知识，甚至有很多家长给孩子报名了很多等级资格考试。其实那都是家长贪的种子、恐惧的种子，是家长害怕自己的孩子将来不如别人的自私的种子在萌芽。

8岁之前，可以让孩子长养天性，到处去玩，让孩子更有毅力，就算孩子会出点问题，也不用过于担忧。

在孩子的习惯养成期，孩子可能会学习成绩好，但不可能一直都成绩好。孩子在这个阶段只需要养成学习兴趣和学习习惯，成绩怎么样并不重要。我见过太多孩子，小学时候成绩很优秀，上了初二、初三学习成绩就像塌方了一样。因为小学阶段学习内容相对简单一些，给他补习，强迫他多练练，他就能学得很好。但如果这时候让孩子感觉到学习等于痛苦，上了中学，他可能会开始厌学。

有的家长说："我的孩子为什么那么好动？"那是因为孩子的运动

智能先开发了。还有的家长说："我的孩子为什么那么爱跳舞？"那是因为他的音乐欣赏和身体协调智能开发了。有的孩子数学学得好，那是因为他们数理化逻辑智能开发了；有的孩子语文学得好，那是因为语文的鉴赏能力先开发了；有的孩子不愿意反思，是因为觉醒智能还没有开发。孩子的这些智能是依次开发的，每个人开发的先后顺序不一样。就像有些孩子到6岁就开始换牙了，有些孩子到10岁了也没有换牙，发育的速度不一样。家长有时候是过分担忧了。

彼此理解，对孩子放手

家长也年轻过，也经历过叛逆阶段。所以要理解孩子，好好对待孩子。家长跟孩子怎么能做到更好地理解彼此呢？做到对孩子放手就可以了。

教育孩子第一步是让他明白"知止"。让孩子的天性成长起来，孩子会比大人成长得快得多。让孩子把心静下来，把学习层面的信心树立起来，把学习习惯建立起来，这样学习成绩能够取得立竿见影的效果，他就能对学习更有信心了。

人与人之间90%的误解都来源于沟通不畅。夫妻问题、子女教育问题，也都是因为沟通不畅。为什么会出现沟通不畅呢？原因就出在我想让你理解我，你想让我理解你。

夫妻之间的感情也是如此。有结婚7年都不吵一次架的两口子跟我说："戴老师，我们7年来没有红过脸，从来没有吵过嘴。"我心里就在想：过日子就是有风雨，过日子就是会有分歧，过日子就是要把矛盾放在桌面上来。怎么可能天天相敬如宾，彼此宽容，始终非常客气，毫无误解争执呢？

如果孩子在长大过程中，一点问题都没有，年年都是"三好学生"，从来不跟家长吵嘴，那家长当的有啥意思？我跟我父亲现在关系特别好，是源于以前有过深深的误解，最后我发现我错了，我要改，要加倍回报他。如果我们的关系一直都特别好，可能我不一定像现在这么孝顺。

人与人之间产生误解是常态，相互理解是特例，所以要珍惜相互理解的情况。

当一个人不再渴望别人去理解的时候，就是真的长大了；当一个人开始理解众生的时候，就是开悟了，开始产生智慧了。

理解的前提是要有共同经历

◎ 理解让孩子乐意沟通

理解的前提是建立在共同经历、共同做到的基础上。就像女性怀孕分娩时候的痛,男人没有一样的经历,怎么能真正理解呢?但是男人可以对女人表示尊重,表示认同,表示敬畏。

同样,家长自己没有做到的事,也不要要求孩子做到。让孩子把手机放下,家长自己能做到吗?让孩子去学习,家长自己有没有去学习呢?要求孩子不要搬弄是非,但家长自己每天挂在嘴边的都是"张家长,李家短",家长每天都对别人不满,还想要让孩子学会宽容,这怎么可能?

理解必须建立在平视的基础上。很多老师跟孩子在一起的时候,一般是孩子有多高，老师就有多高，他们可以跪下来甚至躺下来跟孩子说话。我看到哪个孩子调皮捣蛋了，是不会去说教的，我会走到他身边，盘着腿坐到他旁边，跟他肩并肩坐一会儿，他马上就安静了。你不用教导他"要听话"，因为那样他心里会想：你凭什么管我？

很多家长一天到晚跟孩子讲钱："我给你花了这么多钱，你要怎么样……"结果孩子想着反正你花那么多钱，也没经过我的同意，那你凭什么管我呢？

理解的前提是双方能够建立沟通，通过建立沟通，让对方体会到温暖强大的感觉。沟通的目的不是我要战胜你，也不是我想让你屈服于我，应该是要让被沟通者感觉到温暖和强大。

每个人都是有自驱力的，不一定非要让双方明白那么多道理。跟他沟通完以后，让他高高兴兴的，就达到了沟通的目的。如果你跟他沟通完，他郁闷得哭了，而你泄完私愤一走了之，让他难受了，这就没有达到沟通的目的。要让孩子感觉到父母跟他说话很温暖、很强大，这样下次他才愿意跟你们沟通。现在有些家长一跟孩子沟通就让孩子受挫，甚至让孩子觉得家长看不起他，最后孩子得出结论：既然你看不起我了，那我也看不起你。这样的结果就很让人遗憾。

◎ 理解是为了让孩子感到温暖

沟通要建立在让对方感到温暖、强大的基础上。无论什么样的沟通，最后没有落到这个点，都是失败的。你说完话让对方感觉温

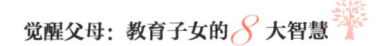

暖，或者让对方觉得自己强大，或者让对方感觉喜悦，沟通的目的就达到了。无论是跟员工、同事、朋友、爱人，还是跟孩子，沟通完一定要达到这个目的。对方能不能立刻改不重要，重要的是最终达到目的——你们之后还能再沟通。

如果每次跟对方沟通完，都让对方觉得自尊被你伤害了，他自然就不愿意再跟你沟通了。有些家长跟孩子沟通时说："你看你这样就没有未来了；你看你这样，将来……你看别人，你……"这种沟通模式和教育模式把家长的位置放得很高，让孩子感觉自己很弱。孩子如果考得不好，家长要对他说："你爸那个时候才考58分，你考了59分了，你真棒！"家长要在孩子面前适当示弱。

但很多家长习惯在孩子面前装，跟孩子吹牛说："你爸那时候考试两门考了双百。"老是给孩子讲自己过五关斩六将的经历，让孩子越来越感觉自己弱。家长完全可以经常给孩子讲讲自己是怎么失败的，给孩子讲讲你走到今天曾经在什么问题上遇到了什么麻烦，然后是怎么醒悟的。这比给孩子讲其他大道理更有用。亲子关系如果好了，很多教育问题就能迎刃而解。

现在很多教育问题都来源于亲子关系的沟通不畅。

我对个别家长说："既然你跟孩子之间的沟通有问题，那叫你的孩子过来一下。"家长说："我叫不来。"他这么一说，我就知道了他们的关系已经恶劣到什么程度了。家长供孩子吃、供孩子穿，把孩子从小培养到大，现在让家长叫孩子来说说话都叫不来，这是不是失败？家长为什么会失败？需要反思一下，每次跟孩子沟通完，孩子能不能感觉到你的温暖和强大？他有没有找到美好的感觉？很多时候你说了，孩子好像也听了，但这不代表他真的理解了。

第六大智慧：有质量地陪伴孩子

家长要知道,孩子的未来是孩子自己的。家长辛辛苦苦培养孩子的目的,似乎是希望孩子有一个好未来,其实我们错了,我们只需要给孩子提供源源不断的爱,不断给孩子正面的确认,对孩子理解、陪伴就可以了,千万不要试图控制孩子。

孩子 90% 的问题来源于家长陪伴太少或不会陪伴

各位家长，我相信你的工作非常忙，但是无论多忙，你都要有效地陪伴孩子。

> 2012年，名师学院成立的时候，我认识了王庆华老师。当时她已经是珠海非常有能量的女性了。之前她做社区管理，后来在太原做试点，在那里驻扎了很长时间。她做的试点很成功，连省长都带队到她的试点去学习过。因为她太忙，省长去之前都要提前询问她的时间。但她为了孩子，放下了这一切成就，回到了珠海陪伴孩子。

哪怕你现在事业做得特别成功，朋友特别多，权力特别大，财富也很多，但这些都无法替代你跟孩子之间的陪伴和互动。孩子 0 岁到

7岁的心理营养一旦缺失，甚至会影响他一辈子。7岁到13岁是孩子习惯的养成期，习惯跟性格有关系，习惯不好，性格也会不好。

很多时候，家长是真的很忙，但也要认真想一想这个忙的背后到底是什么？你想得到的是什么？无外乎是老人能够颐养天年，孩子能够茁壮成长。一旦错过了对孩子成长关键期的陪伴，等孩子处于13岁到18岁这个阶段，你将接受没有陪伴孩子的恶果。

我可以非常负责任地告诉各位家长，现在孩子90%的问题都来源于家长的陪伴太少，或者家长不会陪伴。

为什么家长陪伴孩子的时间少呢？家长可能会有各种理由。

我做调查问卷时，问的第一个问题就是："你爸爸是干什么的？"据我统计，爸爸在外地打工的孩子，出现早恋情况的比较多。因为孩子成长的过程中没有爸爸给予支持，妈妈身心俱疲，又要管孩子，又要操持家务，还要工作，有时候就会疏于跟孩子沟通。

孩子进入青春期之后，很可能会因为缺少爱，学习成绩不好，更严重的是价值观取向都会出问题，可能会过于注重物质，缺少精神和生命动力。

男孩如果在家里经常受到批评指责，也会有负面确认，缺少存在感，缺乏自我价值。缺少存在感是非常可怕的。这种情况下，他只有两条路去解决问题：第一，他会变得很逆反；第二，他自己没有力量反抗，会变得逆来顺受。最差的结果是很多孩子不上学了，整天待在家里啃老。究其原因，就是负面确认太多，没有生命动力，觉得自己干什么都是错的，干脆不干了，自己认为自己不行，慢慢就真的不行了。

各位家长，无论你赚了多少钱，离开人世的时候，钱财带不走，事业带不走，名声也带不走。不要为了多挣几个钱而忽略了孩子，最后钱没挣到多少，孩子也没有教育好，得不偿失。

> 5年前，我女儿以笔试全国第三名、综合面试全国第一名的成绩考入美国纽约大学。她要求我跟她妈妈一起送她去上学。这个要求一点都不过分，我答应了。
>
> 我特意跟相关工作人员说8月底不要再给我排课，给我15天的时间，我要出国。我做这些准备的时候是六七月，跟大家打完招呼，就去办签证了，但没想到，我被拒签了。这导致我女儿只能自己去上学了。不巧的是，她走的时候正好遇上生理期，嘴两边还起了疱疹，人特别不舒服。别人的孩子都是爸爸妈妈陪着去上学，只有她是自己拖着箱子走。当时我心里真的特别难受。
>
> 因为孩子取得了好成绩，并且还是她第一次出国，她的朋友、老师，以及我们很多亲戚都去送她。他们有说有笑，我就坐在旁边的椅子上，孩子时不时看我一眼，我回避她的眼神，把目光投向远方。她过了一会儿走过来说："老爸，你跟我一起走走，送我进安检吧。"
>
> 我帮她拿着双肩包，送她去安检排队。马上走到黄线了，我不能进了。这时候她把护照、登机牌给了安检人员，安检完了，她转身拿过我手中的双肩包，一把搂住我的脖子，贴着我的脸，非常亲热地跟我说："老爸，你放心，你姑娘可强大了。你们不送就不送，我不怪你们，你们放心好了。"

她不说这句话还好，她一说这句话，我心里最软的地方被猛地刺了一下，顿时，眼泪就要下来了。我赶快推她一把，说："宝贝，你快走，爸爸有事，我先走了。"我一转身，眼泪哗的就下来了。我开始往外跑，跑出航站楼抱着柱子号啕大哭。这时候，我突然发现孩子已经不是我的孩子了，孩子真的长大了，她要跟我分离了。

她在美国留学的前四年，每年最多回来两趟。到2019年，她的本科生涯结束了，又考了他们学校的研究生，还要再过两年才能回国。

她已经23岁了，我时不时在想：她回来的时候有可能会给我领个傻小子对我说："老爸，这是我男朋友。"我虽然跟她说过，要是把男朋友领回来，我要把他腿打折。但如果她真的领来了，我什么也不能做。

当然我估计她留在国外工作的概率非常小，因为她临出国时，我跟她说过："你出去以后记住'祖国伟大'这四个字就好了。你学习的目的是报效祖国。"她说："懂了。"但她毕业再回来，也很有可能跟我不在一个城市生活，就算跟我在一个城市生活，我们一年又能见面几次？

我年近半百了，再活上30年，每年能和她见两次，我们最多也就能见60次。假如每年见面5次，我们也就能见150次。

所以，你以为能够跟孩子天天在一起吗？现在想想，家长能够跟孩子天天在一起是多么奢侈的事情。你们能够朝夕相处，是多么难得的事情。孩子越长大，与孩子在一起的机会就越少。况且我们也还有很多自己想做的事情。拿我自己来说，我是不可能讲一辈子课的，我已经为自己准备了很多出路。我存了很多茶叶，准备到时候朋友们来了，给大家泡杯茶，聊一聊。我还可以高高兴兴地去美丽的地方旅行。我还可以利用十年时间，把公司的老师梯队建立起来，把我遇到的家长常见问题一条一条梳理出来，以后再遇到类似的问题，就拿出这些资料，让遇到问题的家长去参考。这都会让我没有时间跟孩子朝夕相处。所以，**大家一定要珍惜跟孩子在一起的时间。**

有质量的陪伴胜过一切

◎ 陪伴让孩子找到温暖、强大、快乐的感受

孩子是来成就你成为爸爸或妈妈的,因为他的到来,你才成为爸爸或妈妈。你在成就着他的未来,他在成就着你的现在。你们的缘分只不过是他借由你来到这个世界。不要认为他是你的附属品,谁都不属于谁。你想强制孩子做什么只是你的一种控制欲望。他让你成为爸爸或妈妈,你要知道这让你有责任了,你得学习,你得努力,你得改变。

家长有很多错误的思维方式,甚至认为自己看着孩子学习,就安心了。但人的学习耐受力是40分钟。40分钟后,孩子的心思就会转移,会想别的。他学习了40分钟,刚出来活动一下,你就瞪他:"你屁股上有钉子吗?连一个小时都坐不住,还不去学习?"基于你的态度和

情绪，他还怎么跟你沟通？

如果这时候你拉着他的手，看着他说："宝贝辛苦了，我发现你坐了 45 分钟，你的耐力越来越强了。要喝水吗？我给你倒杯水去。"我相信这会让他感到温暖、强大。他自己待一会儿，就又去学习了。如果你总是让他感觉一跟你见面就被伤害，那他凭什么愿意跟你交流？这种情况下，你的陪伴就没有质量了。

> 几年前，有位老板对自己的孩子实在没办法了，就来上我的课。听了我在三所城市的培训课之后，他对我深深地鞠了个躬，说："戴老师，我终于知道我该怎么做了。"
>
> 他回到家已经晚上 12 点多了，孩子睡着了。他百感交集地站在孩子床前，看着孩子。孩子醒过来，睡眼蒙眬坐了起来。他说："孩子，爸爸想跟你说对不起。爸爸这将近 10 天的时间，跟着戴东老师听了课。老师让我写出你的 10 个优点和 10 个缺点。我发现我写你的缺点的速度特别快，但写你的优点只写到第四个，之后就怎么也想不出来了。
>
> "老师说我是一个不合格的家长，我真诚地跟你说，孩子，爸爸真的对不起你。这么多年，爸爸认为自己事业有成，给你铺了一条康庄大道，给了你优越的条件，给你找最好的学校，但是忽略了对你的陪伴。很多时候，爸爸是在控制你的行为，甚至让保姆每天记录你在做什么，我以为那是对你的爱，对你的关心，实际上是我对你的不放心，对你的控制。爸爸真的错了。爸爸愿意改，我愿意放下所有事情来陪你，不知道我还有没有这个机会？"

孩子听完这段话后，愣着看了他1分钟。1分钟后，孩子扑向了被子，抱着被子号啕大哭，哭了很久。哭完，孩子问："你还爱我吗？我真的以为你不爱我了。你跟妈妈很早就离婚了。我不怪你们，但是你那么忙，你知道吗？我有时候走到小区，看别人领着一条狗，就在想，我多希望能成为这条狗，因为狗都有人陪。你每次回来，要么喝得酩酊大醉，要么感觉我这也不对，那也不对。我慢慢长大了，觉得心里没有安全感。所以我开始学会了打架，学会了抽烟。上次我们老师请家长去学校，你跟老师说得特别好，你说都是家长的教育问题，跟孩子没什么关系。可是你把我领回家，还没进家门，就一脚把我踹翻了，指着我说你怎么能有我这样的孩子？那时候我的心其实都死了。我觉得我来到这个世界，并没有感觉到你对我的爱。"

就这样，父子俩聊了一夜。他们从来没有这么推心置腹去交流过，从来没有站到对方的立场上思考过。那一夜他们都在检讨自己。

郑州站的行程结束后，接下来我们要在长春会展中心开展"青少年启智训练营"。那天长春下着雪，我的车刚进会展中心，这对父子跑过来帮我开车门。我下了车，这位父亲说："戴老师，我们成年人为什么是这样子？我们希望孩子听话，却老说孩子不听话；我们希望孩子努力，却总是看不到他的努力；我们希望孩子拥有未来，但我们确实否定了孩子会有未来；我们希望孩子展望梦想，但是我们在不断扼杀孩子的梦想。"

第六大智慧：有质量地陪伴孩子

在这个世界上，好多东西是你错过了就一辈子不可能再挽回的。你应该感谢孩子出现了各种各样的状况，让你能够为了孩子去学习。

有很多人问我："戴老师，你每天那么忙，一年飞行距离有十几万公里，你是怎么陪伴孩子的？"我告诉各位："陪伴不一定需要那么长时间，但必须有效。你跟孩子每次连接都要让孩子找到温暖，找到强大，找到快乐的感受。"

● 家长不要试图扮演老师角色

孩子从来不缺老师，他的人生中有很多教他文化知识的老师，教他成长的老师。"三人行，必有我师"，岁月也能够成为他的老师，他也会自己长大。

我建议各位家长扮演好自己的角色，不要去做孩子的老师。你只是他的爸爸妈妈，是要给他力量的人，是让他懂得亲情最重要的人。

可怕的是，有些家长跟孩子的关系连朋友都不如了。孩子有心里话不会跟家长说。这些家长唯一能做的就是给孩子钱，满足孩子的欲望。但要知道，无论是谁，都不能够取代家长对孩子的陪伴。

不管家长多忙，都请记住，在孩子正式脱离你这个家庭组建新家庭之前，不要忽略了对孩子的陪伴。不管你有没有能力，都可以给孩子陪伴。即便你没有文化，还可以给孩子一个笑脸；即便你不懂得如何进行家庭教育，还可以给孩子拥抱。

我们长大了，可能已经忘了我们的爸爸妈妈曾经是怎么教导我们的。但是我们永远记得，在爸爸妈妈身边的时候是最温暖、最快乐的。每年春节，有那么多人回家过年，也是因为家里有爸爸妈妈。爸爸妈妈不仅是让孩子来到世间的载体，还能让孩子想起他们的时候，会感到有力量，会感到温暖。这才是最重要的。

陪伴不是控制

家长总是在担心孩子没有未来。但孩子的未来是孩子自己的。家长辛辛苦苦培养孩子的目的，似乎是希望孩子有一个好未来，其实错了，家长只需要给孩子提供源源不断的爱，不断给孩子正面的确认，对孩子理解、陪伴就可以了，千万不要试图控制孩子。

> 一个参加过我们培训的男孩谈恋爱了。但是确定关系不到两个月，他喜欢的女孩就给他写了分手信。男孩特别失望，觉得世界上最爱的人不能在他身边，他想到了自杀。他给妈妈写了一封遗书。还好，他妈妈感觉到了孩子不对劲，推开孩子的房门，发现孩子在哭，妈妈什么都没说，只是静静坐到了孩子身边。孩子越哭越伤心，妈妈只是靠着孩子的肩膀，揽着孩子的胳膊，抓着孩子的手，任由孩子哭。
>
> 看孩子哭得差不多了，妈妈站起来给孩子倒了一杯水放在桌子上，看着孩子的眼睛说："无论发生什么事情，妈妈都在你身边。"说完，妈妈走到了门口，对孩子点了点头，然后关上了门。

> 妈妈走了之后，孩子打开了他写给妈妈的遗书，推开了窗户。他看到万家灯火，突然感觉特别温暖，也感受到自己原来是这么渺小。他觉得自己曾经是把世界变成了他和那个女孩的世界，现在他知道了，他的世界里还有妈妈，还有很多美好的事情。
>
> 他把那封遗书撕成碎片，扔向了空中。
>
> 这是他告诉我的亲身经历。他说如果那时候妈妈问他些什么，他可能会发泄，但是妈妈什么都没有问，只是静静地坐在身边，让他感觉到了力量、温暖。他突然发现因为失恋就去死是很不值得的事情。

孩子会出现各种各样的问题，这些问题的背后是什么？孩子需要有人给他讲道理，需要别人告诉他该怎么做吗？不，他不需要，他只需要在遇到风雨的时候，身边有支持的力量，有温暖的陪伴。

各位家长对孩子不要再说教，只需要静静陪伴就够了。孩子会自己长大，会变得更强壮，风雨来的时候，你也不需要为他阻挡，让他自己去经历就好。当他伤痕累累的时候，你只需要为他舔干净伤口。

第七大智慧：对孩子宽容

现在家长对孩子的教育最大的问题是不宽容。遇到问题不宽容，遇到错误不宽容。家长不宽容，培养出来的会是狭隘的孩子，性格扭曲的孩子，价值观缺失的孩子。

学会了宽容，就拥有了智慧

◉ 无法沟通可以选择宽容

教育子女的八大智慧，每个环节都是一个维度的提升。我可以肯定，家长做好这八点，基本上没有教育不好的孩子。但是要做到这些，需要家长心智的提升。家长在过往教育环境中留下的阴影也需要疗愈，这是家长要持续学习的根本原因。

有的家长是先知先觉型的。他知道教育非常重要，所以提前成长学习，最后他的投入反倒非常少，孩子成长良好。

有的家长是后知后觉型的。他是发现在孩子的教育方面遇到问题了，才不得不学习，不得不成长进步。

还有一种家长是不知不觉型的。他自己也发现孩子的问题已经很严重了，但还是认为这些问题与自己无关，一直在怪孩子。

想象一下，把两只手都握成拳头，一边的拳头对着另一边的拳头使劲打，是不是感觉很疼？孩子的拳头挥过来，父亲的拳头挥过去，结果只能是两败俱伤。青春期的人把拳头挥过来，更年期的人把拳头挥过去，结果肯定是家无宁日。

很多家长最愚蠢的做法就是跟孩子来硬的。家长给孩子的，孩子都会攒着，现在他还不够强大，早晚有一天他会强大的，到了他强大的时候，会让家长有苦说不出。建议各位家长可以拿自己的两个拳头试试，多找找这种疼的感觉，现在明白这么硬碰硬有多疼，以后就不会疼了。

如果右手握成拳头，用左手来包住右手，右手就会感觉到左手的温暖，左手也会有非常充实的感觉。孩子的拳头挥过来，你包住他。孩子发火的时候，你原谅他，宽容他，让他发泄出来，你会发现，慢慢地，孩子的拳头就松开了。孩子再出现问题，就让他像是一拳打到棉花上一样。他打完以后，发现你没有任何反应，再打就会觉得没意思了。但如果他一打你，你就反击，你们就会成为对手，慢慢就打成习惯了。

有些孩子可能已经有很严重的问题了，家长跟他没有办法沟通，家长说什么他都不听。没关系，家长现在开始选择包容也不晚。

家长先做好自己该做的，再去帮助别人，总有可能会福慧双修。

"慧"字怎么写？

第七大智慧：对孩子宽容

慧

一个"丰"代表了很多，两个"丰"代表非常多。中间是一个倒了的"山"，代表山倒了。这些都压在下面的"心"上，是说如果能看淡这一切，有丰富的内心世界，你就拥有了"慧"。也就是说，能够包容一切的那颗心就叫慧。不够宽容别人，是不可能生慧的。知道日月星辰变化的人，知道万物生长规律的人叫智者。而慧是指内心世界必须锻炼到可以装下无量多的东西。有无量宽容心的人就拥有了慧。

现在家长对孩子的教育最大的问题是不宽容。遇到问题不宽容，遇到错误不宽容。家长不宽容，培养出来的会是狭隘的孩子，性格扭曲的孩子，价值观缺失的孩子。有的家长在单位不敢发火，在老公/老婆面前不敢发火，在朋友面前不敢发火，只敢跟孩子发火。等孩子慢慢长大了，他却发现跟孩子的相处已经不可能亲密无间了。

◉ 正确看待孩子的叛逆

我每次给孩子们讲课的时候，会跟孩子们说一个重要的主题："孩子们，你的两个拳头相碰的时候疼不疼？"孩子们说："疼。"我说："你们大多数孩子都到了青春期。青春期典型特征是叛逆，要证明自己的存在。但这样的孩子是不是学坏了，是不是没出息了？不是的，这是个必经的过程。"

孩子打架，家长不要认为这是多大的问题，这说明孩子有立场了。

我从小爱养鱼，现在家里和公司里到处都是鱼缸。根据我的经验，扔几条龙鱼到一个鱼缸里，龙鱼就会打架。直到争出了"老大"才肯罢休。"老大"在鱼缸里占有一半领地，其他的鱼都不敢冒犯它，游到它身边，还要把鳍、尾缩起来。这样，"老大"就不去攻击它了，吃东西也是这样，好东西必须"老大"先吃，别的鱼吃"老大"吃剩下的。

那孩子们打架是在争什么呢？其实是领导力。家长希望孩子有领导力吗？当然希望。但是如果家长老是把孩子放在错误的椅子上，把自己放在正确的椅子上，把自己放在管理的椅子上，把孩子放在被管理的椅子上，孩子哪来的领导力？有些孩子因为在家长面前得不到表达的机会，才选择了另寻途径，而孩子毕竟还不成熟，因而有些孩子错误地选择了打架的方式。对此家长要客观理性地看待。孩子之所以会反抗，也是为了证明自己存在的价值。这时候家长完全可以加以适当引导，孩子就会变得更好。

沟通是宽容的前提

◎ 沟通能力比学习能力更重要

我们可以看一下乔哈里视窗（见图1）。

	我知	我不知
你知	public 开放区	blind 盲目区
你不知	private 隐秘区	potential 潜能区

图1　乔哈里视窗

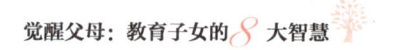

一个人有四种"知道"。

第一种是自己知道、别人也知道的事情。比如我们都知道有白天黑夜，有男人女人。这个区域叫开放区、公开区。

第二种是自己知道、别人不知道的事情，这个区域叫隐私区或隐秘区。

第三种是自己不知道、别人知道的事情，这是盲区。

第四种是自己不知道、别人也不知道的事情，这是未知世界的潜能区。

一个人隐私区越小，会越光明磊落，知行合一。一个人盲区越小，会越发自我觉醒，拥有智慧，更容易触摸到事物的真相。盲区线往右走，隐私区线往下走，会让开放区越来越大。

其实有好多事情，家长并不知道，但是跟孩子交流的时候，依然是家长在说，很少让孩子表达。孩子会觉得在家长那里得不到有效表达。家长只是不停地管孩子，不停地提出要求，认为自己给孩子提供了吃的喝的，就知道孩子的心声了。其实孩子真正的心事，家长并不知道。

慢慢地，孩子会更不愿意跟家长表达，隐私需求也越来越大。隐私区域越来越大以后，有些孩子就会变得特别阴郁。

孩子曾经想要表达，但是他发现说了也没用之后，也就不再表达了。先是在家里不表达，后来到社会上也不表达了。

我们要培养的是能够表达的孩子，我每一期小弟子班的重头戏，就是培养孩子的表达能力和沟通能力。表达能力和沟通能力有时候比学习能力更重要。

沟通一般分三个层面：

第一个层面是跟自己沟通协商。

善于跟自己沟通的人是快乐的，是幸福的，是有自我觉察的，是可以轻易醒来的人，因为他会省察克治。而跟自己沟通不畅的人容易拿别人的错误来惩罚自己，拿过去的错误惩罚现在，拿自己的错误惩罚别人。跟自己沟通顺利的人，内在不会纠结，潜能区会放大，隐私区会变小，觉悟能力增强。

觉悟能力是人生最重要的几项能力之一。觉悟能力可以让人自省自悟。但是跟自己沟通，必须有视野，有境界，心里必须有天下，要懂得宽容。

第二个层面是跟别人沟通。

人除了睡觉以外，70%的时间都在与人沟通。婚姻是不是幸福？朋友够不够多？事业是不是顺利？都是与人沟通的结果。可是现在的家长最在意的是孩子的学习成绩，在意孩子各种各样的评比，并不在意孩子是否有与人沟通的能力，所以很多孩子每天的运动方式只是眼球运动。眼睛不是在看书就是在看电视，不是在看电脑就是在看手机，只有眼睛在动，别的地方完全没有运动。

如果人与人之间都不沟通，就麻烦了。婚姻是不是健康，不在于生了多少个孩子，出去旅游了几次，而在于夫妻之间是否愿意进行心与心的沟通。夫妻不沟通，婚姻也就宣告死亡了。如果两个人不在一起，彼此还愿意沟通，这样的爱情就是一直存在的。

沟通能力是关乎人一生的能力，可惜，很多家长对这方面没有重视。

第三个层面是跟自己的价值观、梦想沟通。

孩子如果有梦想，就不会走错路。因为梦想是灯塔，是航标，指引了他要走的道路。你问孩子将来要干什么，他说："我要当科学家，我要当医生，我要搞电竞……"不管怎样，他都有一个梦想。他都是在朝着自己指定的方向在努力，那他早晚都能成功。如果你一问孩子将来要干什么，他回答"不知道"或者"考大学"，那这样的孩子就没有梦想，没有志气。有志向的人，眼睛特别有神，特别有拼搏奋斗的精气神。

家长要学会跟孩子敞开心扉，让孩子的心里敞敞亮亮的。先让孩子有个好性格，再让孩子有志向。孩子如果学习成绩不好，家长要告诉他，即使现在学习不好，他也是有未来的。家长不能跟孩子说学习不好就没有好未来，这是特别可怕的逻辑。学习成绩好的孩子就一定有未来吗？也不一定。

◎ 宽容对待孩子出现的问题

我们不是希望孩子完全不出问题，而是希望孩子不要出那种让人感觉身心俱疲的问题。不要等到那时候，再花大代价来解决问题。我们为什么不能现在就用宽容的态度来解除困扰呢？

高山之所以峻伟，是因为它让小草生长，让蛇鼠打洞。人类要向

第七大智慧：对孩子宽容

大自然学习"道法自然"。无论我们怎么对待天空、大地，它们都一样包容我们；我们无论怎样对待太阳，它都依然照耀着我们。大海让巨轮驶过，让鱼虾海兽游弋。大自然也绝对不会说："这个东西太脏了，我不要。"

当你定心下来，去跟大自然连接的时候，自然而然就会生出智慧了。父亲如山，母亲如水。父亲向山学习，母亲向海学习，自然而然就能包容一切。如果你的心里只能装下一丁点东西。孩子一哭，你就受不了了，自己的情绪都控制不住，怎么去解决孩子的问题？

生命是一场修行，宽容就是要容下那些容不下的事，容得下事之后人就慢慢变强大了。如果眼里看到的都是问题，就要把问题变成淤泥，也能从中开出美丽的莲花。

> 有一次，我到清迈去讲课，看见一池莲花很漂亮。我特别喜欢，就想用莲花做课件。我给了护养工100元钱小费，让他帮忙折一朵莲花。护养工游下去以后，发现挺难折断的，一使劲把藕也拔起来了，原本碧青的池子，瞬间泛起了淤泥，整个池塘散发出恶臭。我惊呆了，当时就在想："这么漂亮的莲花是出于淤泥，美好是由痛苦中产生的，有美好也会有烦恼。"产生问题的最大原因是我只想要莲花，不想要淤泥。我们只想要美好，不想要不美好，这就是贪呀。

我给家长们推荐一部电影——《阿甘正传》。阿甘小时候智商低，

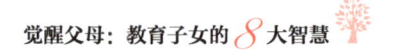

好多人笑话他，但他妈妈选择了宽容理解。这部影片影响、改变了无数人，我建议各位家长多看几遍，看完这部片子，就会知道该怎么去教育孩子了。家长只需要宽容和理解，去爱孩子，孩子无论做什么，都支持认同。最后孩子可能是马拉松冠军，可能是市长，可能是首富。暂时的不好，并不代表永久的不好；现在的不好，是为了让未来变得更美好。

即便孩子什么都不如别人，在家长眼里依旧是最好的，这就是宽容。很多家长只要看到孩子某方面比别人差一点就不能容忍了。孩子智慧的光芒被家长一层一层盖住，孩子看不到光，怎么会看到美好呢？

◎ 给孩子足够的空间和自由

我劝各位家长快点从误区中走出来，这样才能持续精进，孩子才能快速反转。家长不能一天到晚给孩子布置作业，自己也得做作业。

孩子为什么作业写得慢？根本原因是孩子把作业写完了，家长又会给他布置新的作业，既然这样，他为什么要早早把作业写完？孩子只要完成老师布置的作业，就可以给他自由。不然就像一个孩子写的："生命诚可贵，爱情价更高。若为自由故，宁可不上学。"给孩子的自由空间越大，他的开放区就会越大。

有些孩子是因为家长没给他充分的自由，好不容易获得一点自由，就渴望一切都能够得到满足，短期内把所有以前想做的事都做完。

所以那些从来没有得到自由的孩子，变坏会特别快，有可能一周就好像换了个人一样，而那些从小就有自由的孩子却不容易受蛊惑。

改变思维方式，客观对待孩子的问题

● 家长要引导孩子多说

如果一家人相亲相爱，互相帮助，身体健康，出门在外懂礼貌，孩子还需要特殊教育吗？只需要给他培育土壤，让他健康快乐、茁壮成长就够了。其实宽容不是在解放别人，而是在解放自己；原谅别人，也是在原谅自己。不原谅这个，不原谅那个，最后会把自己搞得身心俱疲。

作为家长，可以自己少说一点，引导孩子多说。孩子说话，你可以面带笑容，特别好奇地看着他说："呀！宝贝，你是怎么想出来的，你怎么这么厉害？你跟爸妈分享一下。"千万要学会装着自己什么都不知道，当十万个为什么。你和孩子好好交流，再抱抱他。每天看着孩子，即便现在他没有变好，也能逐渐引导出他的好。比如你发现了孩子吃饭慢，就说："宝贝，妈妈发现你吃饭越来越快了。"于是，他吃饭真的越来越快了。

🎯 家长要及时改变自己的思维方式

> 有一只老鼠掉进了米缸里，它看到有这么多米，觉得太幸福了。它非常高兴，不停地吃。吃着吃着，发现自己越来越胖，米越吃越少。它开始担心有一天自己跳不出去。于是它用力跳了几次，发现凭现在的体力跳出去是没问题的，它又非常安逸地吃了整整一个月。
>
> 米越吃越少，它依然能跳进跳出，但是明显已经感到费劲了。它每天寄希望于主人发现米缸快没米了，将米缸装满。这样，它又能继续吃下去。但是，主人一直没有发现米少了。就这样，此后的日子里，它每天都处在担心、恐惧、焦虑中，又不断在吃着米。直到有一天，它彻底后悔了。因为它把米缸最后一粒米吃完后，发现自己已经跳不出去了。最后，这只老鼠被活活饿死了。

现在是一个多变的、危机与机遇共存的时代，未来有太多未知需要我们探索。我们对自己的生命，对自己的身体，对自己的情绪，对自己的健康，有太多的问题毫无把握。其实我们跟这只老鼠又有什么区别？明明知道按照原有的习惯结果可能会不好，但是已经习惯了；明明知道现在所做的行业前景不好，但是让我们离开，面对新环境、新挑战、新改变，我们能适应吗？不知道。我们对未知充满恐惧，但又心存侥幸，寄希望于别人再倒点米。

生命就是这样，你只能主动发现危机，努力去改变现状，逃离舒适区，这样做前面的路可能会有点难走，有点危险，但是总比问题发生了，到了事态没办法控制的时候再去改变要强。

现在你的孩子出现的所有问题都并非绝对无法解决，只要你愿意做出改变，不固守在原有的思维方式、教育方法中就行。如果你以前对孩子不够宽容，从现在开始就对他宽容些；如果你以前对孩子缺少鼓励，从现在开始就多鼓励他一些吧。无论如何，让孩子真的感觉到你的爱。

第八大智慧：提醒孩子的艺术

在教育孩子的过程中遇到的问题是家长成长和修炼的机会。不要每天都想着问题，为此而烦恼，甚至苦恼。烦恼解决不了任何问题，只会制造更多问题。问题是问题，但也是机会，把问题当机会，它就能开出花。

善用提醒，分清对事还是对人

◉ **孩子与家长的人格是平等的**

这章也可以称为批评的艺术。我不喜欢用"批评"这个词，所以这里用的是"提醒"。

人这一生只需要做好"认识人，经历事"两大任务就可以了。不管我们愿意不愿意，一直都在认识人。喜欢旅游的人会有一帮"驴友"，喜欢钓鱼的人会有"钓友"，喜欢运动的人会有一帮"跑友"，喜欢打麻将的人会有一帮"麻友"。

我们身边一直都有好友和损友。认识人的能力，即"与人打交道的能力"，是孩子应该培养的第一能力。他们学习的目的也无外乎是为了认识人，经历事。

有家长说："戴老师，户外活动把我孩子的脸都晒伤了。"我想说，这样孩子以后就知道在户外活动应该怎么办了。他经历过了这件事，也就明白以后遇到相同情况应该如何处理了。

遇到问题的时候，我们需要把人和事分清楚，有些时候是人造成的，有些时候是事造成的。

比如，孩子学习成绩不好是事，你如果说"这孩子怎么这么糟糕？"就是把事的问题变成人的问题了。你请了几个人来参加读书会，他们没来，这是人的问题，不是事情本身的问题。很多人就是因为没有分清人和事，走进了误区。

遇到事情时，先把人和事分清楚，每个人的人格都是平等的，无论孩子是3岁还是7岁，他跟你是平等的。现在他学习成绩不好，这只是一件事，最重要的是你不要把他学习成绩不好跟他的人品关联起来。

你爱的是他这个人，就算他暂时没办好事情，只要人还在，以后还有什么事不能办？最怕有家长对孩子说："孩子，你考不上大学就没有未来了。"说这话的人忽略了考不上大学是事，而没有未来是人。

◎ 让孩子遇事敢于说出真相

> 8岁的小明应该每天下午6:30回家，结果今天到7:30了还没有到家。妈妈很着急，就给老师打了个电话。"张老师，今天小明怎么到现在都没回来？"张老师说："我也

第八大智慧：提醒孩子的艺术

> 不知道啊，我是按时下课的，小明应该回家了。"这下妈妈更着急了，小明已经晚回来整1个小时了。7:35分小明终于回来了。他一回来妈妈就问："宝贝，今天怎么回来这么晚？"小明回答："我们老师今天留我们补作业，补完作业我才回来的，所以晚了！"

家长应该怎样面对这个孩子？

可以看看这个公式。

先确认、表扬孩子。确认就是你希望他怎样就怎样说，于是可以这样说：

"孩子，妈妈知道你是一个非常守时的孩子，平时你都能6:30准时回来。"（确认并且表扬他。）

"孩子你知道吗？今天你没有按时回来，妈妈真的非常担心。于是我就给你们老师打了个电话，老师告诉我你是按时放学的。"（陈述了事实，描述你对事情的了解，表达自己的感受。记住：这时不要发泄情绪。）

"我知道你一定是遇到什么事了，让你没办法按时回来，所以我绝对不会批评你。我只想知道真相，让妈妈能更放心。"（让孩子说出事情的真相和他的想法与感受。）

这时候可能孩子会说："妈妈是这样的。小红家里养了一只猫，她老说特别好玩。我也特别喜欢猫，所以就到她家去看猫了。猫太可爱了，我就玩的时间长了一点，所以回来晚了，但是我又害怕你骂我，

179

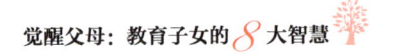

所以就撒谎说老师留我们补作业。"

很多家长最大的问题是自己先说了一切想说的，再让孩子说。其实这不叫沟通，也不是教育。

孩子撒谎的原因是他害怕说出真相之后，家长给他痛苦、不快乐，他会有各种各样压抑的感受。所以要让孩子说完了家长再说。家长要理解孩子，鼓励孩子，让其说出改进方案。

比如你可以说："哦，原来是这样。其实你去看猫，妈妈一点都不反对。如果再遇到这种问题，一定要事先通知妈妈，不要让妈妈那么担心。可以吗？"他会说："妈妈，可以。"你接着再问："那么下次遇到这类问题你该怎么办？""妈妈，下次如果再有这样的问题，我一定给你打电话，或者我回来先告诉你再去，我不能让你那么担心。"（家长马上给孩子再次正面确认，用肢体语言。）"孩子，妈妈知道你是个诚实的孩子，是个守时的孩子，把妈妈吓坏了，来抱一下。"

如果你家孩子偷了家里的钱去玩游戏了，你该怎么处理？

开始要确认、表扬孩子。"孩子，妈妈知道你是一个特别善良诚实的孩子。"（确认。）

"我知道你动用妈妈的钱，不敢跟妈妈说，一定是想做些什么。"（你先要放下自己的包袱，也让对方放下戒备，同时，要表达出自己的感受。）

"你问妈妈要钱，只要是合理的情况下，妈妈都会给你。但是如果你不跟妈妈说，直接拿走了妈妈的钱，慢慢养成习惯，对你的一生是非常不好的，慢慢你就会变得贪婪。"（让孩子说出事情的真相。）

"所以妈妈发现你把钱拿走了,我不会怪你,但是你能不能告诉我,你用这笔钱到底干什么去了?"(说出真相。)

只要发生的事,就是过去的事。人只要健康地活着回来,就不是大事。(警示:只要孩子安全回家,就不要轻易给孩子定性。千万不要轻易对孩子说"你这叫偷,你这叫贼"。这个烙印一旦形成,在孩子的心里就会变成:好了,我是个贼,我偷东西是正常的。)我们要唤醒孩子的尊严,唤醒他的价值,这才是最重要的。现在事情已经做错了,责怪他也不能解决问题。

最后,孩子可能会说:"妈妈,其实我也不想拿你的钱。因为每次我出去玩都是别人花钱,这次我想花钱,但我又害怕你不给我,所以就拿了点钱,我也不知道这钱对你这么重要。妈妈,我知道错了。"

接着家长要理解孩子,鼓励孩子,并让其说出改进方案。"孩子,妈妈实际上非常理解你。你不愿意每次都让别人请客,这说明你是一个善良的、讲义气的孩子。但是孩子,爸爸妈妈挣钱真的也不容易。(这句话孩子是理解的。)你拿着钱出去花的时候,爸爸妈妈害怕你被人利用了,或者出了什么问题,所以从今以后你每次花钱要跟爸爸妈妈说。爸爸妈妈在条件允许的情况下都会支持你,条件不允许的话也会跟你商量。"孩子说:"妈妈我知道了。"妈妈可以说:"那给妈妈重复一遍,好吗?"

孩子说:"我以后再用钱的时候,一定跟你们商量。你们同意给我钱,我再去;你们不同意给我钱,我就不去。"妈妈可以说:"孩子,我就知道你是个非常聪明善良的孩子。妈妈最喜欢的就是你这一点。

错了不可怕，敢于承认、面对错误，妈妈太爱你了，来抱一个。"（记住一定要有肢体语言，而且要有方法，你说出来再让他重复一遍。）

提醒不是简单的发泄情绪

● 发泄情绪不能解决问题

很多时候我们遇到问题之后都是在发泄情绪，根本没有解决问题。我们的目的其实不应该是发泄自己的情绪，而是让犯错的人找到解决问题的方法。

> 你要召开高层管理级别会议，说好8:30开会，董事长等高层都来了，但是执行经理迟到了半个小时。所有人都在等他，他一到会议室你该怎么说？
>
> 平时员工上班迟到会按公司制度罚款，现在你改为用确认表扬的方式："张经理，今天是一次特别重要的会议。你平时上班都是提前到达公司，是公司非常严谨守时的榜

> 样。今天迟到了半个小时，一定是有原因的，能说说具体原因吗？"
>
> 一定要让对方说明原因，不要一上来就惩罚。降服人心，以理服人是最重要的。
>
> 很多时候一句惩罚并不能把问题解决了，其实那样做你是在对方心里设了一堵墙。很多时候，你完全可以让对方说出事情的真相和感受，也许你就会理解他。

夫妻之间、朋友之间遇到问题也要把人和事搞清楚。很多人最大的问题是遇到问题就先泄私愤，攻击人，伤害人，然后趾高气扬地评判是非。

做生意也是有赔有赚，不一定因为你是坏人才赔钱。孩子考试成绩也会有好有坏，考试没考好就是坏孩子了吗？家长骂成绩不好的孩子就是把考试成绩跟人关联起来了，没有分清楚人和事。

我们不一定有能力，但我们也可以成为好人；我们没有钱，但我们可以选择快乐，也可以给予别人幸福。

对待多次成绩不好的孩子或者团队，该怎么办？团队是有绩效考核标准的，岗位也应该定制定编。成绩不符合的，就要让能者上、平者让、庸者下，因为办企业不是做人，是做事，赔了就要关门。孩子成绩不好，可能是因为根本没用对方法。如果他不会为此受到伤害，还能得到家长给予的温暖、理解、确认、陪伴、鼓励，那他还有什么理由不打开心扉呢？

运用沟通公式把人和事分开

有些夫妻结婚时间长了，沟通慢慢就少了。因为他们之间已经没了认同，没了理解，没了确认。

> 比如开饭店的夫妻俩吵架了。老婆说："老公，去把碗给我拿过来。"结果老公说："你站在那干什么？没看见现在客人这么多，都在等着呢，你在干啥？这生意到底还做不做？不做咱就关门回家。"老婆说："随便你。"老公说："这不是随便我的事，如果是随便我的话，咱今天就把门关了，不做生意了。"老婆不再说话了，因为她的心门被封死了。

那该如何解决呢？可以采用这套模式。

确认、表扬、认同："我知道你很着急，你也想把这件事情做好。"

陈述你的心情感受："我也想快点去，但是你这样说，我真的很难受。"

只要说出自己的感受就好，老公会说："来，给你。"她说她很难受，老公也知道她很难受，老公自己心里也很难受，老公要做的是理解老婆的心情。

说出你的改进方案："我知道你很着急，你可以好好跟我说，我马上去做，马上去拿碗。"

再次确认："对不起老婆，我刚刚不应该这样和你说话。以后我会改进。来亲一个好了。"这种模式多练习几次就能熟练运用了。

我们回到教育孩子的问题中，会发现，现在是很多家长被孩子的交流方式搞得很恐惧。当你的孩子很无理地说"妈，给我端碗饭去"时，你可以说："妈妈很理解你现在的心情，我知道你也想拥有合适的交流方式。但是你知道吗？你这么说，妈妈心里真的特别不好受。"

很多时候，你说完这句话，孩子就会思考了："我是不是很多时候让妈妈给我端饭了？那我以后自己端去。"但是很多家长遇到这种情况会直接说："你自己没长手啊？自己不会端啊？"于是矛盾就来了。

亲爱的家长，请不要贪心。有些孩子的心已经冷成冰了，你要坚信时间和温度，以及持续积累能解决问题。有一位爸爸跟我说他的孩子问题已经很严重了，我说这个问题在我这里算是非常轻的，你要有信心。

各位家长请不要陷入问题里。教育孩子的过程中遇到问题都是你成长和修炼的机会。也不要每天都想着问题，为此而烦恼，甚至苦恼。烦恼解决不了任何问题，只会制造更多的问题。问题是问题，但也是机会，把问题当机会，它就能开出花。

所以家长们请带着信心，按照正确的教育方法去实践。

后记
教育孩子是家长一生的事业

后记　教育孩子是家长一生的事业

现在从事家庭教育行业的人大概可以分成两类：

一类是学术派。他们实践经验非常少，舶来一些论文、理论知识，以此为蓝本，试图解决所有家庭教育中的问题。但教育工作者就像医生一样，面对的每个病人的病症完全不一样，通过教科书学到的东西固然很重要，更重要的是要能够应用，要把知识灵活变通地使用出来。从事家庭教育行业，没有理论基础不行，但只有理论没有实践也不行。

一类是以心理学知识来做家庭教育。心理学强调事有本末，物有终始。

我不是说心理学不好，只不过很多心理学概念也是舶来品，有些理论用在家庭教育的实践中并不适合。比如有人从原生家庭入手，他的出发点也没有问题，但是有案例表明，有些孩子本来跟爸爸妈妈关系还不错，结果通过家庭排位系统让孩子知道了自己不是亲生的，而是领养的。孩子知道后深受打击，不想去上学了，精神也很颓废。这就是方法不太恰当。

我从事家庭教育工作的初心在于让家长及孩子了解到，精神世界富足了，物质世界其实没那么重要。我见到很多人很有钱，但是穿着很便宜的衣服、鞋子。往往是精神世界特别匮乏的人才会用外在来武装自己。至少我认为衣服、鞋子穿着舒服就好了，没必要在乎牌子。

我的助理经常说我半年都穿着同一身衣服。其实我的习惯是把衣服穿坏了，才觉得衣服对我有价值。我的鞋也不是很贵，但是很舒服。现在很多人是一打开衣柜，发现有好多衣服从买回来就没穿过，这才是浪费。布袋跟几万元钱的包有什么区别？都是用来装东西的。如果你觉得自己提了一款很好的包,可以用包来证明自己很有价值,我觉得那你是真没价值。你的言谈举止、利他行为,证明了你有价值,你才真的有价值。

简单总结一下这本书的内容。

我们在第一章提到了爱是不能带条件的,带条件的爱是阴谋。爱要让被爱者感受到,爱是精神的。时时刻刻去发现美好,发现身边人的进步,你会发现,自己每时每刻都在连接美好,自然愿意每时每刻都去表扬孩子。

有人会重复听我的课程,反复看我的书,自己还办了很多读书会,主要是因为我的课堂氛围能够给他们带来美好的感觉。虽然每个人都有很多问题,但我发现,当这些问题呈现在课堂的氛围里,他们会看到解决的方法,能看到希望。问题还在,虽然这把锁你还没打开,但你知道钥匙在哪儿,就不会感到恐惧了。打开锁就只是时间的问题了

爱有四个层次:第一个层次是索取爱,第二个层次是交易爱,第三个层次是成为爱,第四个层次是就是爱。索取爱这个层次会培养出讨债的孩子。交易爱这个层次会让孩子碌碌无为。成为爱这个层次到了素质教育层面,培养出来的孩子都希望自己更努力,更快乐,更成长。要求自己做到更好,而不是要求别人做好。就是爱这个层次培养出来的孩子是精英教育的产物,会不断给予别人爱。爱出者爱返,得到的自然更多。

第二章我们重点阐述了表扬。每个人都有优点和缺点,不断关注自己的缺点,会越来越自卑,越来越不自信,越来越不快乐,越来越

后记 教育孩子是家长一生的事业

狭隘，越来越不愿意表达；不断关注自己的优点，会越来越自信，越来越快乐，越来越幸福。于是我们发现：关注点等于事实，关键看你聚焦在哪里，你的聚焦就是你的人生世界。要去看到别人的好，不仅要看到，而且要说出来。因为"爱"是需要表达的。

第三章我们重点介绍了鼓励。当孩子受挫失落、不快乐要放弃的时候，你不断告诉他说："我相信你。有我在，你加油。你没问题，你可以的。"但是这些方法必须建立在你们有连接关系的基础上。跟孩子连接了关系才叫爱。很多时候，家长跟孩子没有连接真正的关系，孩子不想跟家长说心里话，拒绝家长的要求是很正常的。

第四章我们提到了确认。确认是生命的重建，确认是你希望生命成为的样子，你去认同、认可你的生命。你希望孩子听话，请认同他，随着你的不断认同，孩子会朝那个方向走。如果你希望孩子听话，却老说他不听话，那就是在确认他不听话。

你对孩子说："你的字怎么写得这么难看？"他马上确认了，他写字很难看。所以你希望孩子什么样就确认他什么；你希望自己什么样就确认自己什么。希望自己帅，每天照着镜子说自己真丑，那么帅永远跟你无缘。你要说自己太帅了，真精神。

你需要讨好的只是自己，不是别人。你没有能量的时候，有两种选择：一是趴下，二是勇敢站起来。站起来会越挫越勇。如果暂时结局不够美好，说明就还不是结局。要跟自己说："我真的很有能量。"当你有目标的时候，会发现你有超越无限的潜能。你信自己吗？相信就能站起来，不相信就站不起来。你看到的都是你相信的结果。

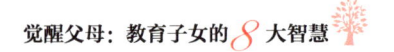

第五章讲理解。理解是人与人相处的特例，理解都是建立在误解的基础上的。人的相互理解要建立在共同的价值观、共同的成长经历、共同的学习基础之上。合作伙伴之间如果价值观不同，结果可能是双损。双方价值观相同，即便现在遇到困难，最后结果也会很好。夫妻也不是因为对方漂亮、有钱才结合的，而是因为两个人的价值观相同。

在理解层面，对每个人来说都是一场修行。如果你能理解一个人，那个人就是你的爱人。如果你能理解三个人，你就会有一个幸福的家庭。如果你能理解十个人，你会有很好的兄弟姐妹。如果你能理解千军万马，你就是个将军。心有多大，舞台才会有多大。心里蝇营狗苟的人永远做不成事。

第六章讲陪伴。陪伴重要也不重要，因为无效的陪伴并不重要，有效的陪伴才重要。如果你的陪伴让孩子感觉特别难受，那你还不如赶快消失。陪伴是要经营感觉，随时随地让自己找到美好的感觉、强大的感觉、做大事的感觉。

第七章讲宽容。大海之所以浩瀚，是因为它能包容，海纳百川。要培养像大海一样的胸怀，家长有大的胸怀，孩子也会是格局远大的人。自私的父母很难培养出真正有见地、有梦想、有出息的孩子。观念决定行为，行为养成习惯，习惯塑造性格，性格决定命运！

第八章讲提醒。发现孩子做错了事情的时候，家长应该如何应对，有一个很管用的模式：

第一，确认表扬孩子，不要一上来就指责孩子的错误。

第二，陈述你对这件事的了解，并表达自己的感受。

第三，让孩子说出事情的真相和他的想法感受。

第四，理解孩子，鼓励孩子，让其说出改进方案。

第五，再次正面确认孩子，采用一些肢体语言。

能够推动世界的手就是推动摇篮的手，作为父母，请想一下，你真的会教孩子吗？

教育其实没有多复杂，只需要遵循人性就可以了。

现在好多人是什么都信，什么都管，就是不信人性；什么学问都有，就是没有良知。我相信会有人能带领中国教育走向更强的地步，托起中国教育基础，只要基础被托起来了，人们的内在素养就会变强大了。

据说有一个城市的监狱里四年都没有一个犯人，因为当地没人犯罪。大家彼此尊重对方，愿意给对方最好的、对方需要的东西。

要想让社会发展得更加稳定，需要不断提高国民素质。教育的最根本目的不是让孩子考上双一流高校，而是让国民整体素质提高，那样时代自然就会被推动。整体文化素质提高了，就不需要特别教育了，自驱力把你推到一定高度了，哪里还需要别人教育呢，直接自我教育就行了。

高素质群体将来是社会上最有价值的人，因为这些人无论走到哪里都会相互连接。我培养的孩子们将来可能是亿万富翁、科学家、演艺明星……二十年以后，他们可能在全世界各地不同行业贡献着自己的力量。

我希望孩子们将来有共同的价值观，即"为天地立心，为生民立命，为往圣继绝学，为万世开太平"，他们彼此是战友，给予对方的能力非常强大。所以我的关注点不在于五年、十年内会怎么样，我要做的是对孩子一生都有影响的事情。

附录

教育子女问题记者招待会

问题 1：我跟老公长期分居两地，他在江西萍乡管理着一个工厂，我自己带着女儿在佛山打拼。女儿现在 14 岁了，性格非常内向。她没有跟爸爸生活在一起，感觉缺乏关爱，我也不知道应该怎么跟老公沟通。

解答：因为你处于不平衡状态，你跟老公的交流也不顺畅，说明你们彼此之间不能相互理解。正好可以套用我给出的理解方式，建立共同的基础，先解决你跟老公的问题，再解决孩子的问题。

比如可以把看过的书或学习过的课程的魅力展现给老公，可以对老公说："我看了戴老师的书和听了戴老师的课程，发现你太不容易了。我发现在教育子女中特别需要你。你在外面真的是太辛苦了。老公，我想跟你说一声，谢谢你，我爱你。"（先把对方心门打开。）

问题2：我们家孩子初二第一学期开始厌学，在家待了两个月后才继续上学的。但他还是一直不做作业，回家就彻夜打游戏，暑假也是昏天黑地地打游戏。我希望他能参加"青少年启智训练营"，暑假我也问过他这事，他说回头再说，若您方便，帮我说说好吗？

解答：请记住，我不可能帮你们给孩子做什么事。如果在他心中你是对立的一方，而我帮你说话，他会在心里把我归类为"敌人的朋友"，会先入为主与我处于对立关系。

有位高三学生的妈妈给我发信息说她的孩子学习动力不足，让我跟孩子聊一聊。我说："你让孩子来找我，孩子如果自己没有这个诉求，我就变成了你的打手。我在你们中间站的必须是中立立场。我决然不可能当墙头草。"

我最害怕的就是变成家长的拐棍，家长根本没有提升自己的能力。我暂时是把家长的问题解决了，但到最后你会发现，我被你抛开的时候，你的孩子已经不尊敬我了。孩子对我没有敬畏之心，我是教不了他什么东西的。我们不是短期的战术联盟，而应该做长期的战略联盟。这样才能保护我跟你的孩子之间的关系。

问题3：我的孩子今年9岁了，聪明机灵，但他直到现在还在尿床。晚上如果不定好时间叫他起床上厕所，他就直接尿在床上。白天也会尿裤子，参加训练营的时候，我让他带两片尿不湿，让他晚上用。他嫌丢人不带，这事一直在影响着他。

他6岁左右我带他做过各方面检查，都没问题。中医说是肾气不足，他也吃过一段时间中药，感觉效果也不好，希望戴老师能给予帮助。

解答：我在一次会场里，遇到过三例同样的案例。其中一个孩子是跟爸爸妈妈生活在一起，突然上了寄宿学校。孩子到了学校后，就不适应了。孩子感到恐惧，忧思惊恐下没有安全感，典型特征就是肾气不足。这样的孩子不建议继续住校了，必须跟家长住在一起。

家长要记住，对待孩子要给爱，也要给原则。关于身体的问题，从孩子角度来讲，不用太多担心。

问题 4：孩子经常认为没有做好一件事，就开始否定自己。

解答：孩子学会控制情绪，问题就能解决了。我认识一个孩子打自己的头、砸东西等情况都有，现在性格也特别好，所以不用太担心。

人的情绪是从哪里来的？我们刚一出生，先天之气跟后天之气结合，产生了赤子之心。有赤子之心就无所畏惧。比如小孩一开始什么都不怕，因为他不知道什么是恐惧。

孩子现在的习性都是家长培养出来的。就像往矿泉水里一直加糖，水就变成了甜水，一直加苦的东西，水就变成了苦水，一直加酸的东西，水就变成了酸水。家长给孩子加什么，孩子就会慢慢形成什么习性，孩子以后也会自己加了，这就形成了性格。

问题 5：我的孩子是个暴脾气，总觉得别人看不起他，要打别人。平时不愿意沟通，也不爱上学。我们该怎么办？

解答：这种情况一看就是孩子严重缺爱。这种情况与十几岁的孩子不敢独自休息、不敢睡觉一样，都是忧思惊恐造成的，是家长平时吓孩子了。

又比如高三复读，他以前都没自信，不坚持，怎么面对复读的这一年呢？孩子没办法坚持，就没有自信，有没有自信比他复不复读本身更重要。就算他这年考得特别好，考了清华、北大，但不自信的问题影响的将会是他的一生，所以让他找到自信是最重要的。

有些孩子的优势不在学习上，家长要想办法给他减压。他是压力太大才会导致学习动力不足。

问题6：孩子到了青春期有些叛逆，喜欢睡懒觉。我在包容和纵容之间，该如何选择？

解答：首先，你想一下，你控制有用吗？很多孩子到了青春期，个子比家长都高，家长的很多控制方法都没用了。或许你的控制方法现在还有用，过一段时间也就没用了，所以没有什么包容，也没有什么纵容。

孩子爱睡懒觉的原因只有一个，就是没有养成好习惯。我们要一点一点培养孩子养成好习惯。习惯坚持21天会进入潜意识，连续五个21天的习惯就会变成本能。

要跟孩子建立联结，跟孩子进行很好的沟通，然后跟孩子一起制定标准，告诉孩子："我相信你是一个特别守时的人。你是能够坚持下来的人。"千万不要说孩子怎么这么懒，看到孩子的优点要不断鼓励表扬。

孩子只要早起一天就给他确认。比如有位妈妈，孩子早起一天，她就给孩子买了个西瓜，给孩子打电话："孩子，妈妈今天太累了。你来帮妈把西瓜提上去吧。"孩子提着西瓜往楼上走，妈妈说："有儿子真好。"孩子心里美滋滋的。家长要把孩子男子汉的一面树立起来，对女孩也是一样的道理。家长必须在爱和原则中间掌握尺度。

问题 7：我儿子 14 岁，好动，注意力不集中，没有上进心。

解答：你说他没有上进心，他是能感受到的。你的话会让他确认。有一种"人一来他就疯"的孩子，是平时在家里不动，一来人就特别好动。这种孩子主要是因为家长平时没给他价值感，给他的鼓励太少。家长可能总是在说他，你不能这样，不能那样。导致他越来越好动，越来越专注不了。正面鼓励，多给孩子身体接触，他一年就会改过来。

问题 8：我哥和我嫂子离婚了，他们有三个孩子，两个跟我哥在一起生活，另一个女孩现在 12 岁了，和我姐生活在一起，这个孩子非常叛逆。请问，我们作为家长该如何填补孩子教育中的必要空位？

解答：补不了。没有谁能代替父母，任何人都无法取代父母。这种情况下，你们要做的是多让她去找爸爸或妈妈进行联结。这种叛逆的根本原因是跟父母的联结太少。

问题 9：请问，针对孩子痴迷手机游戏的问题，家长该如何

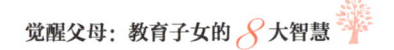

处理？

解答：先联结情感。孩子为什么会痴迷手机游戏，因为他在生活中没有价值感。他玩游戏的时候能够一关一关过，会让他有成就感。大多数痴迷手机游戏的孩子都是因为没有成就感。在现实生活中充满了挫败感，只有在游戏的世界里才能找到快乐和幸福。如果他能有战胜学习的感受，这种感受好于打游戏的感受，他会更爱学习。所以家长可以先跟他联结关系，把关系修复好，不断给孩子正面确认，孩子会慢慢放下游戏。

问题10：在陪伴孩子成长的过程中，我非常重视孩子的阅读。只要孩子有了进步，就给他买书，奖励他。孩子也因此读了不少书，现在我觉得这是带条件的爱，不知道这种方法对不对？

解答：我觉得仅仅是书的话，不算是带条件的爱。如果你给他奖励的是手机，或者衣服、玩具一类，就要注意了。而且你给他的是奖励，不是说他考了多少分就给他买什么书，而是他考得有进步，你给他买了书。

问题11：我给予领养的孩子和自己生的孩子的爱不一样。我领养的孩子的脾气有些怪，特别喜欢唱歌，但又不愿意表现自己，平时思虑太多，我该怎么办？

解答：不管是领养的孩子还是你亲生的孩子，你必须一视同仁。
另外，你要多跟孩子有身体接触，不要总给他讲道理。你说："你关心别人，妈妈非常认同你！"如果他听说了自己的身世了，你可以问他："你要检测 DNA 是怀疑妈妈不是亲生的吗？"遮遮掩掩不如直接面对。不要去解释这个问题，要化开这个问题，"你觉得妈妈对你好不好？"其实不管是不是领养，最后的结论只是，我对你好不好？我对你好，你瞎琢磨啥呢？这就化开了。

你的意识决定了孩子的表现，孩子的忧虑是因为你充满担心和恐惧。你如果能放下这些，孩子就会好很多。

问题 12：孩子在我眼里本来没有多大问题。可班主任经常向我反映孩子学习没有状态，没有压力，希望我能给孩子压力，盯得更紧一点。我理解老师有升学压力，希望孩子都处于紧张的战斗状态。我越放松，老师反映越多。我真的不想给孩子太多压力，但我觉得也应该配合老师，毕竟老师也是对孩子负责任，我该怎么办呢？

解答：不管老师说得对不对，你的说法里已经表达了你觉得老师不对了。老师给你的是动力，你为什么要说是压力呢？其实是你把它转化成压力的。

比如："孩子，我发现你遇到了一个特别好的老师。他经常给我打电话，说我们要一起努力。我也觉得你特别有潜力。让我们一起努力，共同冲刺。"

你这样对孩子说，不是解决了老师说的问题了吗？你担心什么呢？老师如果影响了孩子的情绪，你安慰一下就好了："你看老师这么关注你，每次都叫你回答问题，说明你很有潜质。"

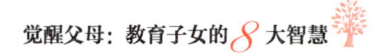

记住，我们改变不了别人，只能改变自己。自身的焦虑根本就不叫事儿。应用教育子女八大智慧，能够让你游刃有余地解决这些问题。我觉得你是一个特别有能量的妈妈，绝对能胜任这件事。用好确认和鼓励，让你发自内心给出事实，确认自己就是这样的人。

问题 13：我发现我的孩子晚上睡觉的时候经常特别紧张，会穿着校服睡，以前我觉得她可能是怕上学迟到了，她睡着以后我给她脱掉，但半夜我发现她又自己穿上了。孩子是不是心理压力有点大？因为她对自己的要求特别高。

解答：首先，我觉得是你丈夫对孩子陪伴太少。其次，你本身也非常焦虑，把所有精力和时间都放在孩子身上了，这造成了孩子现在这样的情况。你本身内在能量很少，丈夫对孩子的陪伴也太少，孩子将来很容易在性格上出现问题。建议你不要每天一直陪着孩子，有自己的事情做自己的事情就好了。

问题 14：我们家有个女儿，今年15岁了，特别爱美，最近非常叛逆，做什么事根本不考虑我的意见，结交了几个能量很低的孩子，我们几个月来天天吵架，没有一件事能达成统一意见，我该怎么和她沟通？引导她在青春期正常交友？

解答：我不愿意跟家长们聊孩子的问题，其实讲了这么多，我告诉你们的也就是使用教育子女八大智慧修复亲子关系。你们天天吵架，让我来解决你们的问题，我怎么可能解决得好？能解决这问题的还是你们自己。母女之间想要像姐妹一样玩得特别好，但千万不要让父亲的教育缺位。

问题 15：我女儿 8 岁了，缺点是拖拉，每天早上起床一直在磨蹭，我不知道应该用什么方法来鼓励她。

解答：孩子喜欢拖拉的根本原因是你们鼓励得太少，看不到她的优点。你在不断确认，她怎么这么慢，她就越来越慢了。

问题 16：我试图帮助身边遇到同样境遇的父母和孩子，但效果不佳。对这样的家庭我应该怎么去影响？

解答：你有这份心就好，千万不要执着于一定要把谁谁谁带好。万法因缘生，万法因缘灭。种了不怕，不种不得。你种下种子，可能就会慢慢开花了。

问题 17：戴老师，我的孩子已经进入高二了，现在对手机游戏特别依赖，请帮忙给些指导方案。

解答：手机游戏如果不影响学业，那就行了，你担忧什么呢？如果没有影响他的学业，就让他玩，这是他唯一的乐趣。到了高二、高三最关键的时刻，不要打乱他的平衡。只能在他的平衡基础上进行调整，比如玩 10 个小时降成玩 8 个小时，我觉得是有可能的。但是你让他彻底不玩就会出问题，因为那会打破他的平衡。特别是孩子高二、高三的时候影响学业的第一因素是情绪的干扰。可以用教育子女八大智慧里"提醒"的智慧，有步骤地对孩子给予提醒。

问题 18：我用提醒的方式与孩子沟通过几次，但孩子还是会在学校犯同样的错误。例如上课说话、干扰影响老师讲课，我该怎么对他说？

解答：这类情况你不要说。在学校里犯了错误，就让老师去管。你只管生活，把孩子的生活和学习分开。你的孩子还小，这时候你越说他越皮，他越会左耳朵进、右耳朵出，行动跟不上。记住你要话少一点，不要天天碎碎念，碎碎念没有任何意义。

问题 19：孩子睡觉需要开灯、要人陪，半夜醒来发现没人陪，他就大喊大叫，这是为什么？

解答：这是被惊吓了。有个孩子到 14 岁了还必须开灯睡觉，我就问他为什么会这样？他说："我害怕。"我问："你害怕啥？"他什么也说不出来。我跟他接触了一天，我们关系特别好。我说："我问你个事儿，你到底怕啥？"他说："我怕慈禧。"很多读者可能不信，他当时真的是这么说的。他说慈禧的时候，眼睛都没神了。我说："你为什么怕慈禧？"他说："我看过一本书，之后晚上只要不开灯，就觉得慈禧在我床边坐着。"我让助理在网上找慈禧年轻时漂亮的照片，然后拿给他看。我说："看，漂亮不？"他说："这个还挺好看的。"我说："这就是慈禧。"他说："戴老师，你骗我。"我把网址链接发给他，告诉他："你自己看，慈禧长这个样子。"他说："为什么我看到是那个样子的？"我说："那是为了丑化她。"孩子说："我误解了。"

第二天，我问他睡觉关灯了没有？他说关灯了，睡得很好，慈禧也没再去找他。孩子如果内心在某个点上有个坎儿没过去，家长就一定要找到它。家长要好好跟孩子建立关系，不要害怕，不要想着去整治孩子，这是一个习性，改掉就好了。

问题 20：我儿子现在 15 岁了，每天咬指甲，10 个指头的指甲都扣到肉里了，我说什么都不管用，麻烦戴老师指点一下。

解答：他已经习惯了。解决的方法很简单，把他 10 个手指头全涂上红药水，他一咬指甲，嘴就染红了，就会有提醒作用了。坚持 21 天以后，问题就能解决了。

问题 21：想请教您，孩子昼夜颠倒，怎么调解处理？

解答：先处理关系。你们的关系没有处理好，说什么都没用。我教你的方法，可能我用的时候有用，你用的时候就没有用，因为每个人的能量匹配不一样，在对方心目中的位置也不一样。

问题 22：我的孩子现在 10 岁了，非常喜欢玩游戏，总是找各种理由去玩游戏。不让玩他就不高兴，甚至发脾气，请问我该怎么办？

解答：这是因为没有给孩子制定规则，你可以给孩子制定规则。我在"翻转课堂"曾经录制过关于控制网瘾的课程，可以听听。

问题 23：我的小女儿 8 岁了，我自认为对小女儿比较宠爱，有一次孩子因为写字不好被我说了两句，她背后跟姐姐说要报复妈妈。我不知道为什么这么小的孩子会说这样的话，我很伤心。

解答：我也很伤心。我专门就这类话题讲过，你这是在确认孩子写字不好。你要找到孩子写得相对较好的字，跟她说："这个字你写得太棒了。"你现在应该做的是快回去找孩子写的字，然后告诉孩子说："妈妈上次说错了，妈妈发现现在你的字越写越好了。"你需要把误会化解掉。

问题24：我老公对孩子的教育问题从不关心，把所有重心都放在了做生意上。他的观念是，女孩子吃饱穿暖长大就好，教育有学校，自己只管挣钱，孩子学不好就回家做生意。而且他重男轻女的观念很重，我一个人力量有限，感觉很累，怎么能唤醒他对孩子教育的重视？我跟他沟通交流很少，他很少发表自己的想法，每次都是我说，他又不认同，然后就搁置了，最后由我去处理。我们之间经常出现强势的沟通，我应该怎么做，才能跟老公达到有效合理的沟通？

解答：我发现你根本就没有学习教育子女的八大智慧。如何理解？如何确认？把这些智慧用在你老公身上问题就能解决了。

问题25：孩子的老师反映，孩子上课睡觉的情况比较多。他自己也老说自己早上有起床气，作为家长，我应该如何区分这是身体原因，还是精神原因？

解答：人会有起床气其实源于生气，就是家长曾经在早上伤害过他，让他有暴怒的情况，变成了习性反应。

我小时候起床气也非常严重，出门稍微早一点，就犯肠胃性感冒。遇到这种情况，家长要多给孩子确认，多给孩子正面鼓励。孩子如果起得早你就说："孩子你今天太棒了，你起得好早，妈妈太爱你了。"

问题 26：孩子上课犯困，白天睡觉，晚上特别精神，请问怎么调整？

解答：其实很简单，晚上 11 点前让孩子必须睡觉。但前提是你要先跟孩子建立关系。家长说了孩子不听，是亲子关系不到位。

你们的关系问题，我帮你们解决不了。他白天困，你就让他早点睡。你对他的什么条件都不满足，还想要达到你想要的结果，哪有这样的？也不要急于一时，就像倒时差一样，慢慢倒过来。你说了他不听没关系，看有没有谁说的他能听。

问题 27：我的孩子 17 岁，会偷偷在手机上下载一些色情内容，而且不是第一次了，怎么办？

解答：首先，我想问你，你是怎么知道的？你控制得越严，他越是有各种各样的好奇。我只能告诉你，家长要尽量少控制孩子一点，孩子到这个年龄了，有些事大人还是不知道为好。

问题 28：一个 14 岁的男孩，父母不在了，是个孤儿，现在跟姑姑一起生活。学习方面还很正常，就是沉迷于游戏，不听话，不知道该怎么办。

解答：我建议先建立关系，越是这种双亲不在的孩子"资粮"越薄。对这样的孩子能给多少爱就给多少，不要想改变太多。

问题29：我们家孩子今年16岁了，从小就特别喜欢口红。见到口红就让妈妈给她买，现在已经有60多支口红了。来参加训练营前，又要买某个大品牌的口红，我想问，这口红到底应该不应该买？

解答：你如果答应了孩子就必须买，不管这件事是对的还是错的。否则你会发现你们之间的关系本来就是带条件的，你又不满足她的条件。以后要注意：如果她一要，你就给她买，你们就形成了有条件的关系。家长要跟孩子把规则提前讲清楚。

家庭教育调查问卷

网上（在家长圈子里）流传着这样一份《家庭教育调查问卷》，据此，你可以判断自己是否是一个合格的家长。

每个问题只需回答"是"或"否"。

1. 当众批评孩子；
2. 很少表扬孩子；
3. 常以学习成绩好的孩子为例批评自己的孩子；
4. 经常用自己年轻时的经历对孩子说教；
5. 总对孩子说自己的付出全是为了他；
6. 把教育孩子的希望寄托在学校和家教上；
7. 常以自己的标准给孩子定目标；
8. 把物质刺激当成激励孩子的重要方法；
9. 对孩子的困惑不闻不问、不感兴趣；

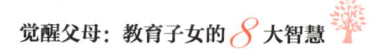

10. 对孩子的事什么都想知道；

11. 不习惯鼓励孩子或不会鼓励孩子；

12. 经常斥责孩子的缺点；

13. 在教育孩子方面夫妻意见不统一；

14. 夫妻俩常在孩子面前吵架；

15. 没有明确的生活目标；

16. 情绪跟着孩子的分数走；

17. 认为满足了孩子的物质需求，孩子就应该努力学习；

18. 认为孩子能听懂你讲的道理，却故意不去做；

19. 不认为自己的行为对孩子有决定性的影响；

20. 孩子的学习成绩与你的文化水平有必然联系；

21. 为孩子做所有的事情，事无巨细地关心孩子；

22. 相信各种速成班；

23. 认为孩子学习必须有人看着是正常的；

24. 教孩子要诚实，自己却在他人面前撒谎；

25. 认为一味地表扬孩子会导致孩子骄傲；

26. 限制孩子玩，自己却经常出去玩；

27. 当孩子不听话时常打骂孩子；

28. 常在孩子面前评论别人；

29. 认为孩子的缺点必须用批评才能改正；

30. 常说"你怎么这么笨"；

31. 常拿别人家的孩子和自己的孩子作比较；

32. 自认为学习是痛苦的；

33. 常对孩子说"只要你好好学习，什么条件都答应你"；

34. 认为孩子学习好坏取决于他的聪明程度；

35. 认为孩子将来的命运是他自己造成的；

36. 认为人的性格是不可改变的；

37. 认为成年人是不可改变的；

38. 当孩子对你说起一件令他得意的事时，你却警告他别骄傲；

39. 认为自己该做的事都做了，结果好坏全在孩子；

40. 孩子在学习上一点也不着急，自己却急得团团转。

以上40道题是家长在日常生活中经常面对的问题。

如果答案"是"在5项以内，那么你的孩子自然会顺利地成长；

如果答案"是"在5～10项以内，那么你就应该加强学习；

如果答案"是"在10～20项以内，那么你必须尽快改变，否则你将毁掉孩子的前程！

如果答案"是"在20项以上，那么你的教育基本上失败了。孩子会变得玩世不恭，到了青春期，他甚至有可能成为混混。

如何处理孩子常出现的 17 种问题

家长教育子女的最基本形式就是与孩子谈话，但很多家长在实际生活中听到孩子说出一些消极的话之后，往往会因控制不住出现生气、失望等情绪，或不知道如何回答的情况下，与孩子产生矛盾。所以，我针对一些很具体的话语情境，给家长一些指导，希望能起到抛砖引玉的效果。

孩子不喜欢上学

如果孩子对家长说"我不喜欢上学"，这个时候家长应该说："是吗？能不能说说你不喜欢上学的原因？"

孩子不是天生就喜欢上学的。当家长听到孩子说"不喜欢上学"，不要有过激反应，不妨先用温柔的口气说"是吗"来回应孩子，以表示自己对他的这一问题持体谅和关心的态度，然后再问孩子不喜欢上学的原因。假如孩子能够说出自己的想法，家长就要耐心倾听，不要打断孩子，等孩子说完再与他讨论。

有些孩子年纪小，自己也说不清原因，这时家长就要设法引导他。比如，家长可以进一步询问孩子的心情："你觉得很累吗""你觉得很烦恼吗"，等等。

与孩子讨论时要注意，不要断然否定他的感受，一定不要说"那你将来就做乞丐吧"或"我不喜欢懒惰的孩子"之类的话。孩子是非常重视自己在家长心目中的地位的。家长如果否定孩子的感受，会伤害孩子幼小的心灵。

其实，孩子不喜欢上学的原因很多，有时连他自己可能也不太清楚。他们一听到爸爸妈妈否定自己的想法，万一他们就此认定自己是一个懒惰之人，一个不求上进的人，一个没有未来的人，很可能从此不再努力。到那时，家长就追悔莫及了。

● 孩子不想做功课

当孩子说要做功课，却呆坐着不肯做功课时，家长可以说："爸爸（妈妈）有时候也会有因为心情不好不想做这个不想做那个的情形。要不要我陪你坐一会儿？"

孩子不想做功课的原因有很多，他可能正为什么事而烦恼或伤心，或者是因为身体不舒服，或者是因为功课太难而无从下手，企图用发呆引起家长的注意，等等。家长此时应该表示关心和体谅，让孩子感到家长明白自己的感受，并不是只会责骂自己。不过，家长也不能只表示体谅，否则很容易让孩子认为一直发呆是对的。

一般来说，如果孩子是因为有心事而不想做功课，家长可以先陪他坐一会儿，帮助他收收心，或让他洗个脸，清醒一下头脑。孩子感觉到了家长的关心，便会乖乖地去做功课。在劝导孩子时，家长一定不要说"快做功课，做完了妈妈给你买好吃的"，或责备孩子"你怎么这么懒"，这些话对孩子的伤害程度，是家长无法想象的。

孩子不能独自做功课

当孩子提出让家长陪着做功课的要求时，大多数家长都会心软，答应孩子。一旦孩子养成这种习惯，结果是非常可怕的。由于孩子没有养成自主学习的习惯，无论多么努力都不可能学好。所以，家长一定要帮助孩子改掉这个坏习惯。

首先，家长要用言语给予孩子信心，比如，家长可以对孩子说："经过观察，我相信你已经可以自己独自做功课了。"之所以要这么说，是因为孩子已经习惯家长在旁边，连他自己都下意识地以为没有家长陪着是不行的。

其次，根据情况把孩子自行做功课的时间逐渐加长。当孩子做到时，家长应给予适当的赞扬，告诉孩子："没有爸爸妈妈陪着，你也能做得这么好。你真是太棒了！"孩子便会产生一种"我果然做到了"

的自豪感。渐渐地，孩子就能完全独立自主地做功课了。

如果孩子对家长死缠烂打，家长有时难免会感到厌烦，说出"我叫你自己做，听没听到？再吵我可要打你了！"之类的话。这种命令式的话可能会迫使孩子屈服，但孩子肯定不能集中精力做功课，而且不满情绪长期累积下来，会导致孩子的心理不健康。

当然，家长也不要拿自己家孩子跟别人家的孩子比，说出"你看××家的孩子多懂事，从来都是自己做功课，你怎么这么笨，你怎么就不能像人家的孩子那样有出息"等伤害孩子自尊心的话。这些话不仅不会激起孩子的斗志，反而会让孩子以为连家长都看轻自己，这样会使孩子的自信心严重受损。

◉ 孩子对学业失去信心

当孩子说出"我对学业没有信心"时，家长应该说："没有人一开始就什么都会。我明白你对自己没有信心，但你不用怕，我会帮助你。"

孩子对学业失去信心的原因很多，可能是他屡次做出努力，却仍然失败，于是渐渐失去信心；也可能是家长对他的学业过分关注，无形中给了他沉重的压力，当他失败时，内心的自责会导致自我认可度降低。

家长一定要明白，孩子"病"了。在孩子"生病"时，最要紧的是给孩子看病，找出病因，而不要指责、批评、打骂、轻视孩子，或者拿别人的孩子跟他作比较。这样做，不但救不了孩子，反而会让孩子的自信心越来越弱，让孩子越来越无力面对眼前的困难。

当务之急是帮助孩子重建自信。家长不妨向孩子指出他并不比别人差，告诉他每个人都要经过不断地学习才能得到知识。而且在孩子努力的过程中，家长一定会帮助他。家长一定要鼓励、赞美孩子，陪在他身边，告诉他所有的成功都起源于失败，所有的进步都源于每天的积累。

但是，如果孩子的消极想法已经根深蒂固，想要仅凭一两句话就奇迹般地解开孩子的心结绝对不可能。但给孩子打气、宽心总是一个好的开始，接下来家长就要进一步采取有建设性的方法帮助他。

水滴石穿必须建立在两个基础上：一是水要不停地滴，二是水要不停地滴在同一个地方。不管孩子现在是什么样子，只要他努力改正，家长就要非常知足，并且把这种情感传递出去，让孩子自信起来。我相信孩子会一点一点地进步的。

◎ 孩子的考试成绩不理想

当孩子的考试成绩不理想时，家长在家长会上肯定会觉得没面子。但是，如果家长回家以后，就批评孩子"你怎么考得这么差"，孩子就会对学校、对学习、对考试产生恐惧，这种恐惧心理是不利于孩子学习成绩的提高的。

家长必须明确一点：考试是为了检验孩子在某一段时间内的学习

状况。所以，除了中考、高考等关系升学的关键考试外，考试成绩不好其实是好事。因为我们能在错题当中找到孩子在某一阶段到底哪里出了问题，哪里需要提高，哪里需要补习。找到了问题，并且让孩子把错的和不会的搞清楚、弄明白，他以后再遇到同一问题时就不会错了。

所以，家长在开完家长会后，无论孩子的成绩多差，都不要急着训斥孩子，而是要先说孩子做得对的题，再问孩子"你希望考100分吗"。孩子一看家长没有暴跳如雷，反而心平气和，紧张感会立马消失得无影无踪，肯定会点头说"当然希望"。这时家长对孩子说："如果你把所有不会做的题及做错的题都能做对了，并且真正掌握了，妈妈就认为你考了100分。因为不会做的你已经会做了。"孩子听了这些话，他会强烈地感受到自己被家长接纳了，从而会心情放松地告诉家长他考得不好的原因。

当孩子考试不理想时，家长要做的是让孩子明白考试的目的在于发现自己的不足，同时要帮助孩子找到相应的改善方法，并给他鼓励。这样做，家长不但能赢得孩子的信任，孩子也能更积极正面地看待考试，将其视为学习的动力。

家长一定不要说"老师说你在某方面表现不够好"之类的话，这样只会徒增孩子对老师的抵触情绪，对其今后的学习反而会产生不利影响。

家长是架起孩子和学校、老师之间沟通桥梁的人，千万不要给孩子转述老师批评他的话，否则会使孩子对老师产生强烈的抵触。如果孩子不喜欢老师，那么该老师的课孩子自然学不好。这已经成为一个不争的事实。

⊙ 孩子的志向令人失望

家长都希望孩子有一个宏伟志向，希望孩子将来能够成为学者、医生、律师、作家，等等。所以，当孩子说出一些与自己期望大相径庭的志向时，家长往往会非常失落，而且会把这种失落感表现在脸上。有位家长曾在给我的信中说："当孩子兴高采烈地跑来告诉我，他的志向是当一名汽车司机时，我真是失望透顶。"

这位家长的反应非常具有普遍性。但是，家长一定要明白，职业是不分贵贱的。即使家长有强烈的等级观念，也不要表现出来，不要张口就说："什么？你选个高尚点儿的职业好不好？"这样只会打击孩子的自信和斗志。

再说，孩子的志向是非常多变的，家长根本不必过分紧张。不论孩子当下的志向和家长的心愿有多大的差别，他的想法大多会随着年龄、见识的增长而转变。

正确的做法是：先对孩子的志向予以肯定，然后询问孩子为什么想成为这样的人。在倾听过程中，家长即使有失望情绪也不要表现出来，要尊重孩子的真实想法。

当孩子觉得家长认可了自己的志向，就会愿意与家长进一步交流。这时家长就可以引导孩子思考应该怎样做才能实现理想："当汽车司机非常好。当汽车司机可以服务很多人，说明你非常有爱心，非常有责任心。但是，仅有志向还不够，你必须具备实现志向的能力。比如，你现在要学好数学、物理等知识，掌握更多的机械原理，还要培养自己的动手能力。"

如果家长希望孩子改变目前的志向，可以这样引导孩子："你现在就定下志向固然好，但是好像有点早。世界上还有许多有趣的职业，你不想尝试一下吗？说不定你能找到更喜欢的职业。你说是吗？"

◎ 孩子不喜欢老师

当孩子回家投诉老师时，家长可以说："你一定是受委屈了，来，说给妈妈爸爸听听。"

孩子受委屈后，总是渴望在家长面前把悲伤、生气、不满等情绪发泄出来。所以，家长在用语言表达自己能够理解孩子的感受后，还要引导孩子把气话说出来。孩子把内心的话说出来后，他的心情自然会舒畅很多。

有的家长会对孩子说"不管老师怎样对待你，你都要尊重他"之类的话，这么说是不对的。家长教导孩子尊重老师，绝对没错，家长的这种说法其实已经认定老师错了，于是孩子就会产生"为什么老师错了，我还要尊重他？为什么他不尊重我？"等想法。如果孩子觉得家长的说法说服不了自己，纵使今后在表面上尊重老师，内心仍会感到不平和无奈，很可能就此形成消极的人生态度。

有的家长会说:"我看你一定是做错了什么,老师才会批评你。"这种家长的错误在于不问缘由就把全部责任推到了孩子身上。家长这样做,孩子会质疑家长为何不先听听整个事件的经过和自己的想法再做判断,从而导致孩子觉得家长不尊重自己。从此以后,孩子不仅不会再跟家长谈论有关学校的事,甚至不会把心事告诉家长。

孩子不想上兴趣班

家长给孩子报了各种各样的周末兴趣班,可有些孩子觉得实在太辛苦,就对家长说:"我不要学了,我的手很疼,浑身都疼!"

当家长听到孩子这样说,可能会说:"我当初已经告诉你会很辛苦,是你自己坚持要学的。"这么说对于解决事情毫无用处,反而会给孩子带来压力,打击他再次做决定的信心。孩子也会因家长幸灾乐祸的态度而生气,觉得家长不体谅自己,很可能真的不学了。

有的家长也许会说:"你怎么可以半途而废,还浪费钱。既然这样,你以后啥也别学了!"责骂孩子是最不明智的做法。这样说虽然指出了孩子做事不应半途而废,却没有体谅孩子的感受。孩子会以为家长最关心的只是学费,而不是自己的心情。假如家长再以不让孩子继续参加兴趣班为由惩罚孩子,只会影响孩子将来的学习。我相信这不是家长的目的。

所以,既然这些话有百害而无一利,倒不如说一些更有建设性、更有助于解决问题的话。比如,家长应该表示自己体谅、认同他的感受，让孩子觉得他的感觉被理解，还应同时表示欣赏孩子的努力。孩子已经学习了5天，周末本应该好好休息，但兴趣班让孩子的周末变得比平时更忙碌了。所以，家长应该站在孩子的立场上考虑问题，对孩子的感受表示认同："我也认为做到这些绝不简单。说句心里话，爸爸真的非常佩服你的毅力。"孩子听到这些话后，心里会舒服很多。其实，孩子可能不是真的想放弃，只是想发发牢骚，得到家长的认同和理解而已。当然，家长也不要忘了鼓励孩子坚持下去，要告诉孩子："妈妈知道你做到这一步已经非常不容易了。但你必须坚持，不要放弃。"

总之，家长要当好一个聆听者，不要加入过多的个人意见，且一定要让孩子感到家长是支持、欣赏他的，这样，他就会继续努力。

● 孩子觉得读书很累

当孩子说"读书好累呀，好辛苦哇"之类的话时，家长应该说："爸爸知道你已经很努力了。让我们想一想，有什么办法可以减轻学习的辛苦程度呢？"

当孩子抱怨"读书辛苦"时，家长别以为他们只是在发牢骚，对孩子的话语不理睬，或者训斥孩子："辛苦也要读，不努力读书将来怎会有前途！"事实上，孩子很可能已经忍耐了很久，直到实在难以承受学习的压力，才把内心的感受说出来。

家长一定不要小看压力的可怕。心理学家指出：如果一个人长期承受过大的压力，会影响内分泌，继而损害健康。家长应该肯定孩子的努力付出，让他知道家长并不会因此责备他。接着再询问孩子觉得辛苦的原因，比如，是因为即将到来的考试，还是功课太多了。只有引导孩子把原因说出来，家长才能进一步和孩子讨论是否需要改进学习方法。

小学三年级之后，知识深度会明显增加，孩子自然会觉得学习压力一下子增加了很多，所以，他们有辛苦之感是绝对正常的。家长除了要体谅他们外，还要帮助他们找出解决的方法，比如引导孩子合理分配学习时间；不要让孩子长时间地温习功课；帮助孩子把即将学习的内容分成若干部分，分时间段预习；告诉孩子先做比较容易的功课。

假如家长在听到孩子抱怨后说"辛苦也要读，不努力读书，将来怎么会有前途"之类的话，不仅对解决问题于事无补，相反，还会让他们产生"爸爸妈妈并没有理解我的感受""原来一个人的前途完全取决于读书成绩""我做得一定比别人差"等想法，这对其成长是十分不利的。

◉ 孩子对自己的外表感到自卑

当孩子说"爸爸妈妈，我怎么会长得又胖又矮"时，那一脸的委屈足以证明孩子被别人取笑了。这个时候家长一定不要说："谁说的？在我眼里你一点儿都不胖。"很多家长看见孩子伤心，心都碎了，想通过这句话来表达在他们心中孩子永远是最好的。但这句话含有自欺欺人的成分，否定了孩子肥胖的事实，导致孩子看到自己与同龄的孩子不一样时，会觉得家长是在欺骗自己，从而对家长失去信任。

家长也不要说："你还小，等你长大后就不会这样了。"虽然这样说可以暂时让孩子的精神放松一些，让他寄希望于将来，但是，连家长也无法保证的事情，还是不要随意在孩子面前做出保证。

家长更不要答非所问，用其他事情分散孩子的注意力，以为把问题放在一边，时间长了，孩子就忘了。事实上，孩子会继续胡思乱想，思想负担可能会越来越重。

正确的做法是，家长首先应该说："我很乐意分担你的忧虑，你认为该怎么办？"这句话表明家长明白孩子的忧伤，也表示了家长的关心。其次，引导孩子把情绪表达出来。再次，家长应教导孩子，与体型相比，一个人是否有内涵更重要，帮助他重建自信。最后，跟孩子商量有效的改善方法，比如加强锻炼。

总之，当孩子因为身体存在某种缺陷而自卑时，家长不要否定孩子的真实感受，而要帮助孩子正视自己的问题，并找到解决的办法。

● 孩子顶撞家长

当孩子顶撞家长时，家长的态度是否平和是关键。这时家长应该说："我很高兴你有自己的主见，但你的态度令我很难接受。"

家长一定要明白两点：首先，孩子反驳你，意味着他十分信任你，所以才会毫无保留地表达心中的感受；其次，孩子害怕自己在家长心目中的地位和形象受损，出于防卫心理，他们才会主动出击。

在孩子顶撞家长时，家长一定不要说："我不要听，你说什么也没用。"如果家长拒绝接受孩子的解释，就意味着关上了沟通的大门。这样只会令他们感到孤立无援。从此以后，孩子会习惯把心事藏在心底，不再向家长表达自己的想法。久而久之，一旦发生问题，亲子关系可能会继续恶化。

孩子做事拖延

当孩子养成了凡事能拖则拖的习惯，"等会儿"这句话就会成为他们应付家长的习惯用语。比如，当家长叫孩子做某事，收拾房间、整理书包文具，孩子通常不会一口回绝，却爱说："等会儿。"

这时家长不要说："那你等会儿可要记得啊。"由于没有说明"等会儿"是多长时间，家长与孩子对"等会儿"的理解可能是不同的，比如，孩子心中的"等会儿"是30分钟，家长心里的"等会儿"是5分钟。当家长发觉孩子5分钟之后还没做，可能会因孩子不守承诺而责骂他。孩子并不认为自己不守承诺，反而会因家长的责骂而感到委屈，从此更不愿意负起责任，做自己应该做的事了。

家长也不要说："不行，马上去做。"孩子不能立即做家长让他做的事，可能有他的原因。如果不听孩子解释，就强迫孩子做事，会让孩子产生反感情绪。这样做还有一个缺点，那就是使孩子无法学会自行分配时间。所以家长不要对孩子说"马上"等词语。

要改掉孩子做事拖延的坏习惯，在孩子说出"等会儿"时，家长首先应该要求孩子明确地说出"等会儿"的具体时间。这样做有利于家长帮助孩子学会管理时间。其次，家长告诫孩子，答应了别人的要求，应及时兑现承诺。

⊙ 家长忙时被孩子打扰

当家长手头上正忙着其他事，孩子却在身边喋喋不休时，家长应该对孩子说："我很乐意听你说话，但我这会儿正忙，待会儿再听你说，好吗？"而不要说："去去去，我忙着呢。"

家长一定要注意，在忙完手里的事后，要记得询问孩子有什么事，千万不要把孩子的心放凉了。否则，以后孩子有什么事情，就不会跟你交流了。

⊙ 孩子乱放东西

当孩子找不到东西，问家长"我的××放在哪儿了"时，家长可以走过去摸着孩子的头说："你请我负责看管了吗？你上次用过后没有把它放回原处，现在你说怎么办才好？"孩子听了你的话，会自知理亏地自己寻找。当然，家长也可以和孩子一起寻找。在东西找到后，家长要及时教育孩子使用后的物品要及时放回原地，不可随意放置。

家长一定不要说："我忙着呢，待会儿帮你找。"或者说："我又没帮你看管，我怎么知道？"这样说达不到教育孩子的目的，只会引起孩子的反感。

◎ 孩子被同学打了

当孩子告诉家长"同学打我"时，家长首先应该走上前去，查看孩子有没有受伤。如果伤势不重，家长就应该关切地说："来，跟妈妈说说是怎么回事。"既不要说"谁打的？咱们找他家长去，找老师去""那个孩子真可恶，咱们去报警"之类的话，也不要轻描淡写地说"这点伤没事，勇敢点儿"，这样会让孩子产生不被关注的感觉。

◎ 孩子说了伤人的话

当孩子对家长说出"我最讨厌你了"这样令人伤心的话时，家长要明白，这只不过是孩子在发泄内心的不满，其实话里有话。所以，家长应该说："爸爸（妈妈）最爱你了，我做错什么了吗？"

在孩子说了伤人的话时，家长可不能说赌气话，否则会让孩子缺乏安全感。所以家长一定不要说："我也讨厌死你了。我供你吃、供你穿，你竟敢说讨厌我，你太不像话了。"

◎ 孩子为自己的家境感到自卑

当孩子羡慕别的孩子的家境比自己家富裕时，家长可以对孩子说："虽然我们家在物质上比不过别人家，但也有很多令人快乐的地方，你说呢？"

孩子在成长过程中相互攀比的情况会经常发生，对此家长不必大惊小怪。家长不要说："那你自己以后长大努力赚钱呗。"虽然家长这样说，是为了激励孩子努力学习，却在无意中给孩子灌输了"富有就等于快乐，赚钱才最重要"的错误价值观，让孩子误认为钱是万能的。

家长也不要说："虽然我们家的条件是不怎么好，但也不是很差啊？"家长这样说，会让孩子感到自己的意思被歪曲了。孩子很可能因此觉得自己无法和家长沟通，从此在心理上与家长疏远。

由于市场经济的快速发展，中国家庭的经济实力出现了剧烈的分化。有的家庭的经济实力处于不断上升的状态，而有些家庭相对发展得比较缓慢。加上家庭、社会对孩子的不良影响，孩子之间相互攀比的心理越来越严重。

如果家长不能及时引导孩子树立正确的价值观、人生观，孩子会因为家庭不富裕，产生自卑、嫉妒、自私等不良品性，从而影响一生。

对于贫困家庭来言，家长必须把快乐、健康、幸福与和谐作为家庭富有的首要标准，而不能只用金钱来衡量家庭是否富有。家长一定要告诉孩子："我们生活在这样快乐和谐的家庭里，有你这样一个好孩子，只要我们不断进取，就会幸福。"

而在富裕家庭，家长千万不要对孩子说："我们的一切都是你的。"这样会让孩子认为，家长供他吃、供他穿是应该的，给他富有的生活也是应该的，他学习是为家长学的。这些错误的价值观会导致孩子将来无法正确使用财富，也没有办法进入自我学习的状态。

在生活中，孩子会经常随口说出或做出一些令家长很吃惊、失望、恼怒的话语或行为。如果家长能够善于抓住机会，跟孩子进行有效沟通，很可能得到令人惊喜的结果。

所有发生在孩子身边的事，都是一次增进亲子关系、促进孩子进步的良机，只要家长善于把握、懂得珍惜，相信未来一定是属于所有孩子的！